LE BOURGEOIS GENTILHOMME

COMEDIE-BALET.

FAITE A CHAMBORT, pour le Divertiſſement du Roy.

Par J. B. P. MOLIERE.

A PARIS,
Chez CLAUDE BARBIN, au Palais, ſur le ſecond Perron de la Sainte-Chapelle.

M. DC. LXXIII.

AVEC PRIVILEGE DU ROY.

Extrait du Privilege du Roy.

PAr Grace & Privilege du Roi, Donné à Paris le 31. jour de Decembre l'an de grace 1670. Signé, Par le Roy en son Conseil, GUITONNEAU. Il est permis à Jean Baptiste Poquelin de Moliere, l'un des Comediens de sa Majesté, de faire imprimer, vendre & debiter une Piece de Theatre, intitulée LE BOURGEOIS GENTILHOMME, par tel Imprimeur ou Libraire qu'il voudra choisir, pendant le temps & espace de dix années entieres & accomplies, à compter du jour que ladite Piece sera achevée d'imprimer pour la premiere fois : Et defenses sont faites à toutes Personnes, de quelque qualité & condition qu'elles soient, d'imprimer, faire imprimer, vendre, ni debiter ladite Piece, sans le consentement de l'Exposant, ou de ceux qui auront droict de lui, à peine de six mille livres d'amende, confiscation des Exemplaires contrefaits, & de tous dépens, dommages & interests, ainsi que plus au long il est porté audit Privilege.

Le Privilege cy-dessus a esté cedé à CLAUDE BARBIN, *suivant les Actes passez pardevant les Notaires au Chastelet de Paris.*

Registré sur le Livre de la Communauté des Imprimeurs & Marchands Libraires de Paris, suivant l'Arrest de la Cour de Parlement du 8. Avril 1653. aux charges, clauses & conditions portées és presentes Lettres. Fait ce 13. Mars mil six cens soixante & onze.

Signé, L. SEVESTRE, Syndic.

ACTEURS.

MONSIEUR JOURDAIN, Bourgeois.
MADAME JOURDAIN, ſa Femme.
LUCILE, Fille de Monſieur Jourdain.
NICOLE, Servante.
CLEONTE, Amoureux de Lucile.
COVIELLE, Valet de Cleonte.
DORANTE, Comte, Amant de Dorimene.
DORIMENE, Marquiſe.
MAISTRE DE MUSIQUE.
ELEVE DU MAISTRE DE MUSIQUE.
MAISTRE A DANCER.
MAISTRE D'ARMES.
MAISTRE DE PHILOSOPHIE.
MAISTRE TAILLEUR.
GARCON TAILLEUR.
DEUX LAQUAIS.

PLUSIEURS MUSICIENS, MUSICIENNES, JOUEURS D'INSTRUMENS, DANCEURS, CUISINIERS, GARCONS TAILLEURS, & autres Perſonnages des Intermedes & du Ballet.

La Scene eſt à Paris.

LE BOURGEOIS GENTILHOMME.

COMEDIE-BALLET.

L'Ouverture se fait par un grand assemblage d'Instrumens ; & dans le milieu du Theatre, on voit un Elève du Maître de Musique, qui compose sur une Table, un Air que le Bourgeois a demandé pour une Serenade.

ACTE PREMIER.

SCENE PREMIERE.

MAISTRE DE MUSIQUE, MAISTRE A DANCER, TROIS MUSICIENS, DEUX VIOLONS, QUATRE DANCEURS.

MAISTRE DE MUSIQUE

parlant à ses Musiciens.

VENEZ, entrez dans cette Salle, & vous reposez-là, en attendant qu'il vienne.

MAISTRE A DANCER

parlant aux Danceurs.

Et vous aussi, de ce costé.

MAISTRE DE MUSIQUE

à l'Eléve.

Est-ce fait ?

L'ELE'VE.

Oüy.

MAISTRE DE MUSIQUE

Voyons.... Voila qui est bien.

MAISTRE A DANCER.

Est-ce quelque chose de nouveau ?

MAISTRE DE MUSIQUE.

Oüy, c'est un Air pour une Serenade, que je luy ay fait composer icy, en attendant que nostre Homme fût éveillé.

MAISTRE A DANCER.

Peut-on voir ce que c'est ?

MAISTRE DE MUSIQUE.

Vous l'allez entendre, avec le Dialogue, quand il viendra. Il ne tardera guére.

MAISTRE A DANCER.

Nos occupations, à vous, & à moy, ne sont pas petites maintenant.

MAISTRE DE MUSIQUE.

Il est vray. Nous avons trouvé icy un Homme comme il nous le faut à tous deux. Ce nous est une douce rente que ce Monsieur Jourdain, avec les visions de Noblesse & de Galanterie qu'il est allé se mettre en teste. Et vostre Dance, & ma Musique, auroient à souhaiter que tout le Monde luy ressemblast.

MAISTRE A DANCER.

Non pas entierement ; & je voudrois pour luy, qu'il se connust mieux qu'il ne fait aux choses que nous luy donnons.

MAISTRE DE MUSIQUE.

Il est vray qu'il les connoist mal, mais il les paye bien ; & c'est de quoy maintenant nos Arts ont plus besoin, que de toute autre chose.

MAISTE A DANCER.

Pour moy, je vous l'avouë, je me repais un

peu de gloire. Les aplaudissemens me touchent ; & je tiens que dans tous les beaux Arts, c'est un suplice assez fascheux, que de se produire à des Sots ; que d'essuyer sur des Compositions, la barbarie d'un Stupide. Il y a plaisir, ne m'en parlez point, à travailler pour des Personnes qui soient capables de sentir les délicatesses d'un Art ; qui sçachent faire un doux accueil aux beautez d'un Ouvrage ; & par de chatoüillantes aprobations, vous régaler de vostre travail. Oüy, la récompense la plus agreable qu'on puisse recevoir des choses que l'on fait, c'est de les voir connuës ; de les voir caressées d'un aplaudissement qui vous honore. Il n'y a rien, à mon avis, qui nous paye mieux que cela de toutes nos fatigues ; & ce sont des douceurs exquises, que des loüanges éclairées.

MAISTRE DE MUSIQUE.

J'en demeure d'accord, & je les goûte comme vous. Il n'y a rien assurément qui chatoüille davantage que les aplaudissemens que vous dites ; mais cet Encens ne fait pas vivre. Des loüanges toutes pures, ne mettent point un Homme à son aise : Il y faut mesler du solide ; & la meilleure façon de louër, c'est de loüer avec les mains. C'est un Homme, à la verité, dont les lumieres sont petites, qui parle à tort & à travers de toutes choses, & n'aplaudit qu'à contre-sens ; mais son argent redresse les jugemens de son Esprit. Il a du discernement dans sa bourse. Ses loüanges sont monnoyées ; & ce Bourgeois ignorant, nous vaut mieux, comme vous voyez, que le grand Seigneur éclairé qui nous a introduits icy.

MAISTRE A DANCER.

Il y a quelque chose de vray dans ce que vous dites; mais je trouve que vous apuyez un peu trop sur l'argent; & l'interest est quelque chose de si bas, qu'il ne faut jamais qu'un honneste Homme montre pour luy de l'attachement.

MAISTRE DE MUSIQUE.

Vous recevez fort bien pourtant l'argent que nostre Homme vous donne.

MAISTRE A DANCER.

Assurément; mais je n'en fais pas tout mon bonheur, & je voudrois qu'avec son bien, il eust encore quelque bon goust des choses.

MAISTRE DE MUSIQUE.

Je le voudrois aussi, & c'est à quoy nous travaillons tous deux autant que nous pouvons. Mais en tout cas il nous donne moyen de nous faire connoistre dans le Monde; & il payera pour les autres, ce que les autres loüeront pour luy.

MAISTRE A DANCER.

Le voila qui vient.

SCENE II.

MONSIEUR JOURDAIN, DEUX LAQUAIS, MAISTRE DE MUSIQUE, MAISTRE A DANCER, VIOLONS, MUSIC. & DANCEURS.

MONSIEUR JOURDAIN.

HE' bien, Messieurs? Qu'est-ce? Me ferez-vous voir vostre petite drôlerie ?

MAISTRE A DANCER.

Comment ? Quelle petite drôlerie ?

MONSIEUR JOURDAIN.

Eh la.... comment appellez-vous cela ? Vôtre Prologue, ou Dialogue de Chansons & de Dance.

MAISTRE A DANCER.

Ah, ah.

MAISTRE DE MUSIQUE.

Vous nous y voyez préparez.

MONSIEUR JOURDAIN.

Je vous ay fait un peu attendre, mais c'est que je me fais habiller aujourd'huy comme les Gens de Qualité; & mon Tailleur m'a envoyé des bas de soye que j'ay pensé ne mettre jamais.

MAISTRE DE MUSIQUE.

Nous ne sommes icy que pour attendre vostre loisir.

MONSIEUR JOURDAIN.

Je vous prie tous deux de ne vous point en aller, qu'on ne m'ait apporté mon Habit, afin que vous me puissiez voir.

MAISTRE A DANCER.

Tout ce qu'il vous plaira.

MONSIEUR JOURDAIN.

Vous me verrez équipé comme il faut, depuis les pieds jusqu'à la teste.

MAISTRE DE MUSIQUE.

Nous n'en doutons point.

MONSIEUR JOURDAIN.

Je me suis fait faire cette Indienne-cy.

MAISTRE A DANCER.

Elle est fort belle.

MONSIEUR JOURDAIN.

Mon Tailleur m'a dit que les Gens de Qualité estoient comme cela le matin.

MAISTRE DE MUSIQUE.

Cela vous sied à merveille.

MONSIEUR JOURDAIN.

Laquais, hola, mes deux Laquais.

1. LAQUAIS.

Que voulez-vous, Monsieur?

MONSIEUR JOURDAIN.

Rien. C'est pour voir si vous m'entendez bien. *Aux deux Maistres.* Que dites-vous de mes Livrées?

MAISTRE A DANCER.

Elles sont magnifiques.

MONSIEUR JOURDAIN.

Il entr'ouvre sa Robe, & fait voir un Haut-de-chauss-

se étroit de velours rouge, & une Camisole de velours vert, dont il est vestu.

Voicy encore un petit Des-habillé pour faire le matin mes Exercices.

MAISTRE DE MUSIQUE.

Il est galant.

MONSIEUR JOURDAIN.

Laquais.

1. LAQUAIS.

Monsieur.

MONSIEUR JOURDAIN.

L'autre Laquais.

2. LAQUAIS.

Monsieur.

MONSIEUR JOURDAIN.

Tenez ma Robe. Me trouvez-vous bien comme cela ?

MAISTRE A DANCER.

Fort bien. On ne peut pas mieux.

MONSIEUR JOURDAIN.

Voyons un peu vostre affaire.

MAISTRE DE MUSIQUE.

JE voudrois bien auparavant vous faire entendre un Air qu'il vient de composer pour la Serenade que vous m'avez demandée. C'est un de mes Ecoliers, qui a pour ces sortes de choses un talent admirable.

MONSIEUR JOURDAIN.

Oüy ; mais il ne falloit pas faire faire cela par un Ecolier ; & vous n'estiez pas trop bon vous-mesme pour cette besongne-là.

MAISTRE DE MUSIQUE.

Il ne faut pas, Monsieur, que le nom d'Ecolier

vous abuse. Ces sortes d'Ecoliers en sçavent autant que les plus grands Maistres, & l'Air est aussi beau qu'il s'en puisse faire. Ecoutez seulement.

MONSIEUR JOURDAIN.

Donnez-moy ma Robe pour mieux entendre... Attendez, je croy que je seray mieux sans Robe.... Non, redonnez-la-moy, cela ira mieux.

MUSICIEN chantant.

JE languis nuit & jour, & mon mal est extrême,
Depuis qu'à vos rigueurs vos beaux yeux m'ont soûmis :
Si vous traitez ainsi, belle Iris, qui vous aime,
Helas ! que pourriez-vous faire à vos ennemis ?

MONSIEUR JOURDAIN.

Cette Chanson me semble un peu lugubre, elle endort, & je voudrois que vous la pussiez un peu ragaillardir par-cy, par-là.

MAISTRE DE MUSIQUE.

Il faut, Monsieur, que l'Air soit accommodé aux Paroles.

MONSIEUR JOURDAIN.

On m'en aprit un tout-à-fait joly il y a quelque temps. Attendez... La... Comment est-ce qu'il dit ?

MAISTE A DANCER.

Par ma foy, je ne sçay.

MONSIEUR JOURDAIN.

Il y a du Mouton dedans.

MAISTRE A DANCER.

Du Mouton ?

MONSIEUR JOURDAIN.

Oüy. Ah. *M. Jourdain chante.*

Je croyois Janneton
Aussi douce que belle ;
Je croyois Janneton
Plus douce qu'un Mouton :
Helas ! helas !
Elle est cent fois, mille fois plus cruelle,
Que n'est le Tygre aux Bois.

N'est-il pas joly ?

MAISTRE DE MUSIQUE.

Le plus joly du monde.

MAISTRE A DANCER.

Et vous le chantez bien.

MONSIEUR JOURDAIN.

C'est sans avoir apris la Musique.

MAISTRE DE MUSIQUE.

Vous devriez l'aprendre, Monsieur, comme vous faites la Dance. Ce sont deux Arts qui ont une étroite liaison ensemble.

MAISTRE A DANCER.

Et qui ouvrent l'esprit d'un Homme aux belles choses.

MONSIEUR JOURDAIN.

Est-ce que les Gens de Qualité aprennent aussi la Musique ?

MAISTRE DE MUSIQUE.

Oüy, Monsieur.

MONSIEUR JOURDAIN.

Je l'ap rendray donc. Mais je ne sçay quel temps je pouray prendre ; car outre le Maître d'Armes qui me montre, j'ay arresté encore un Maistre de Philosophie qui doit commencer ce matin.

MAISTRE DE MUSIQUE.

La Philosophie est quelque chose ; mais la Musique, Monsieur, la Musique....

MAISTRE A DANCER.

La Musique & la Dance.... La Musique & la Dance, c'est-là tout ce qu'il faut.

MAISTRE DE MUSIQUE.

Il n'y a rien qui soit si utile dans un Etat, que la Musique.

MAISTRE A DANCER.

Il n'y a rien qui soit si necessaire aux Hommes, que la Dance.

MAISTRE DE MUSIQUE.

Sans la Musique, un Etat ne peut subsister.

MAISTRE A DANCER.

Sans la Dãce, un Hõme ne sçauroit rien faire.

MAISTRE DE MUSIQUE.

Tous les desordres, toutes les guerres qu'on voit dans le Monde, n'arrivent que pour n'aprendre pas la Musique.

MAISTRE A DANCER.

Tous les malheurs des Hommes, tous les revers funestes, dont les Histoires sont remplies, les béveuës des Politiques, & les manquemens des grands Capitaines, tout cela n'est venu que faute de sçavoir dancer.

MONSIEUR JOURDAIN.

Comment cela?

MAISTRE DE MUSIQUE.

La Guerre ne vient-elle pas d'un manque d'union entre les Hommes ?

MONSIEUR JOURDAIN.

Cela est vray.

MAISTRE DE MUSIQUE.

Et si tous les Hommes aprenoient la Musique, ne seroit-ce pas le moyen de s'accorder ensemble, & de voir dans le Monde la Paix universelle ?

MONSIEUR JOURDAIN.

Vous avez raison.

MAISTRE A DANCER.

Lors qu'un Homme a commis un Manquement dans sa conduite, soit aux Affaires de sa Famille, ou au Gouvernement d'un Etat, ou au Commandement d'une Armée, ne dit on pas toujours, un Tel a fait un mauvais pas dans une telle Affaire ?

MONSIEUR JOURDAIN.

Oüy, on dit cela.

MAISTRE A DANCER.

Et faire un mauvais pas, peut-il proceder d'autre chose que de ne sçavoir pas dancer ?

MONSIEUR JOURDAIN.

Cela est vray, vous avez raison tous deux.

MAISTRE A DANCER.

C'est pour vous faire voir l'excellence & l'utilité de la Dance & de la Musique.

MONSIEUR JOURDAIN.

Je comprens cela à cette heure.

MAISTRE DE MUSIQUE.

Voulez-vous voir nos deux Affaires ?

MONSIEUR JOURDAIN.

Oüy.

MAISTRE DE MUSIQUE.

Je vous l'ay déja dit, c'est un petit essay que j'ay fait autrefois des diverses passions que peut exprimer la Musique.

MONSIEUR JOURDAIN.

Fort-bien.

MAISTRE DE MUSIQUE.

Allons, avancez. Il faut vous figurer qu'ils sont habillez en Bergers.

MONSIEUR JOURDAIN.

Pourquoy toûjours des Bergers ? On ne voit que cela par tout.

MAISTRE A DANCER.

Lors qu'on a des Personnes à faire parler en Musique, il faut bien que pour la vray-semblance on donne dans la Bergerie. Le Chant a esté de tout temps affecté aux Bergers ; & il n'est guere naturel en Dialogue, que des Princes, ou des Bourgeois, chantent leurs passions.

MONSIEUR JOURDAIN.

Passe, passe. Voyons.

DIALOGUE EN MUSIQUE.

UNE MUSICIENNE, ET DEUX MUSICIENS.

UN cœur dans l'amoureux Empire,
De mille soins est toûjours agité.
On dit qu'avec plaisir on languit, on soûpire ;
Mais quoy qu'on puisse dire.
Il n'est rien de si doux que nostre liberté.

I. MUSICIEN.

Il n'est rien de si doux que les tendres ardeurs

Qui font vivre deux cœurs
Dans une mesme envie :
On ne peut estre heureux sans amoureux desirs ;
Ostez l'amour de la vie,
Vous en ostez les plaisirs.

2. MUSICIEN.

Il seroit doux d'entrer sous l'amoureuse Loy,
Si l'on trouvoit en l'Amour de la foy :
Mais helas ! ô rigueur cruelle,
On ne voit point de Bergere fidelle ;
Et ce Sexe inconstant, trop indigne du jour,
Doit faire pour jamais renoncer à l'Amour.

1. MUSICIEN.

Aimable ardeur !

MUSICIENNE.

Franchise heureuse !

2. MUSICIEN.

Sexe trompeur !

1. MUSICIEN.

Que tu m'es precieuse !

MUSICIENNE.

Que tu plais à mon cœur !

2. MUSICIEN.

Que tu me fais d'horreur !

1. MUSICIEN.

Ah ! quitte pour aimer, cette haine mortelle !

MUSICIENNE.

On peut, on peut te montrer
Une Bergere fidelle.

2. MUSICIEN.

Helas ! où la rencontrer ?

MUSICIENNE.

Pour defendre nostre gloire,

Je te veux offrir mon cœur.

2. MUSICIEN.

Mais, Bergere, puis je croire
Qu'il ne sera point trompeur?

MUSICIENNE.

Voyons par experience
Qui des deux aimera mieux.

2. MUSICIEN.

Qui manquera de constance,
Le puissent perdre les Dieux.

TOUS TROIS.

A des ardeurs si belles
Laissons nous enflâmer;
Ah! qu'il est doux d'aimer,
Quand deux cœurs sont fidelles!

MONSIEUR JOURDAIN.

Est-ce tout?

MAISTRE DE MUSIQUE.

Oüy.

MONSIEUR JOURDAIN.

Je trouve cela bien troussé, & il y a là-dedans de petits dictons assez jolis.

MAISTRE A DANCER.

Voicy pour mon affaire, un petit essay des plus beaux mouvemens, & des plus belles aptitudes dont une Dance puisse estre variée.

MONSIEUR JOURDAIN.

Sont-ce encore des Bergers?

MAISTRE A DANCER.

C'est ce qu'il vous plaira. Allons.

Quatre Danceurs executent tous les mouvemens diferens, & toutes les ſortes de pas que le Maiſtre à dancer leur commande : Et cette Dance fait le premier Intermede.

Fin du premier Acte.

ACTE II.

SCENE PREMIERE.

MONSIEUR JOURDAIN, MAISTRE DE MUSIQUE, MAISTRE A DANCER, LAQUAIS.

MONSIEUR JOURDAIN.

VOILA qui n'eſt point ſot, & ces Gens-là ſe trémouſſent bien.

MAISTRE DE MUSIQUE.

Lors que la Dance ſera meſlée avec la Muſique, cela fera plus d'effet encore, & vous verrez quelque choſe de galant dans le petit Ballet que nous avons ajuſté pour vous.

MONSIEUR JOURDAIN.

C'eſt pour tantoſt au moins ; & la Perſonne pour qui j'ay fait faire tout cela, me doit faire l'honneur de venir diſner ceans.

MAISTRE A DANCER.

Tout eſt preſt.

MAISTRE DE MUSIQUE.

Au reſte, Monſieur, ce n'eſt pas aſſez, il faut qu'une Perſonne comme vous, qui eſtes magnifique, & qui avez de l'inclination pour les belles choses, ait un Concert de Musique chez soy tous les Mercredis, ou tous les Jeudis.

MONSIEUR JOURDAIN.

Est-ce que les Gens de Qualité en ont?

MAISTRE DE MUSIQUE.

Oüy, Monsieur.

MONSIEUR JOURDAIN.

J'en auray donc. Cela sera-t-il beau?

MAISTRE DE MUSIQUE.

Sans doute. Il vous faudra trois Voix, un Dessus, une Haute-Contre, & une Basse, qui seront accompagnées d'une Basse de Viole, d'un Theorbe, & d'un Clavessin pour les Basses continuës, avec deux Dessus de Violon pour joüer les Ritornelles.

MONSIEUR JOURDAIN.

Il y faudra mettre aussi une Trompette Marine. La Trompette Marine est un Instrument qui me plaist, & qui est harmonieux.

MAISTRE DE MUSIQUE.

Laissez-nous gouverner les choses.

MONSIEUR JOURDAIN.

Au moins, n'oubliez pas tantost de m'envoyer des Musiciens, pour chanter à Table.

MAISTRE DE MUSIQUE.

Vous aurez tout ce qu'il vous faut.

MONSIEUR JOURDAIN.

Mais sur tout, que le Ballet soit beau.

MAISTRE DE MUSIQUE.

Vous en serez content, & entr'autres choses de certains Menüets que vous y verrez.

MONSIEUR JOURDAIN.

Ah les Menüets sont ma Dance, & je veux que

vous me les voyez dancer. Allons, mon Maistre.

MAISTRE A DANCER.

Un Chapeau, Monsieur, s'il vous plaist. La, la, la; La, la, la, la, la, la; La, la, la, *bis*; La, la, la; La, la. En cadence, s'il vous plaist. La, la, la, la. La jambe droite. La, la, la. Ne remuez point tant les épaules. La, la, la, la, la; La, la, la, la, la. Vos deux bras sont estropiez. La, la, la, la, la. Haussez la teste. Tournez la pointe du pied en dehors. La, la, la. Dressez vostre corps.

MONSIEUR IOURDAIN.

Euh?

MAISTRE DE MUSIQUE.

Voila qui est le mieux du monde.

MONSIEUR JOURDAIN.

A propos. Aprenez-moy comme il faut faire une Reverence pour saluer une Marquise; j'en auray besoin tantost.

MAISTRE A DANCER.

Une Reverence pour saluer une Marquise?

MONSIEUR JOURDAIN.

Oüy. Une Marquise qui s'apelle Dorimene.

MAISTRE A DANCER.

Donnez-moy la main.

MONSIEUR JOURDAIN.

Non. Vous n'avez qu'à faire, je le retiendray bien.

MAISTRE A DANCER.

Si vous voulez la saluer avec beaucoup de respect, il faut faire d'abord une Reverence en arriere, puis marcher vers elle avec trois Reverences en avant, & à la derniere vous baisser jusqu'à ses genoux.

MONSIEUR JOURDAIN.

Faites un peu? Bon.

1. LAQUAIS.

Monsieur, voila vostre Maistre d'Armes qui est là.

MONSIEUR IOURDAIN.

Dy-luy qu'il entre icy pour me donner Leçon. Je veux que vous me voyez faire.

SCENE II.

MAISTRE D'ARMES,
MAISTRE DE MUSIQUE,
MAISTRE A DANCER,
MONSIEUR JOURDAIN,
2. LAQUAIS.

MAISTRE D'ARMES *apres luy avoir mis le Fleuret à la main.*

ALlons, Monsieur, la reverence. Vostre corps droit. Un peu panché sur la cuisse gauche. Les jambes point tant écartées. Vos pieds sur une mesme ligne. Vostre poignet à l'oposite de vostre hanche. La pointe de vostre Epée vis-à-vis de vostre épaule. Le bras pas tout-à-fait si étendu. La main gauche à la hauteur de l'œil. L'épaule gauche plus quartée. La teste droite. Le regard assuré. Avancez. Le corps ferme. Touchez-moy l'Epée de quarte, & achevez de mesme. Une, Deux. Remettez-vous. Redoublez de pied ferme. Un saut en arriere. Quand vous portez la Botte, Monsieur, il faut que l'Epée parte la premiere, & que le corps soit bien effacé. Une, Deux. Allons, touchez-moy l'Epee de tierce, & achevez de mesme. Avancez. Le corps ferme. Avancez. Partez de là. Une, Deux. Remettez-vous. Redoublez. Un saut en arriere. En garde, Monsieur, en garde.

Le Maistre d'Armes luy pousse deux ou trois Bottes, en luy disant, En garde.

MONSIEUR JOURDAIN.

Euh ?

MAISTRE DE MUSIQUE.

Vous faites des merveilles.

MAISTRE D'ARMES.

Je vous l'ay déja dit ; tout le secret des Armes ne consiste qu'en deux choses, à donner, & à ne point recevoir : Et comme je vous fis voir l'autre jour par raison démonstrative, il est impossible que vous receviez, si vous sçavez détourner l'Epée de vostre Ennemy de la ligne de vostre corps ; ce qui ne dépend seulement que d'un petit mouvement du poignet, ou en dedans, ou en dehors.

MONSIEUR JOURDAIN.

De cette façon donc un Homme, sans avoir du cœur, est seur de tuer son Homme, & de n'être point tué.

MAISTRE D'ARMES.

Sans doute. N'en vistes-vous pas la démonstration ?

MONSIEUR JOURDAIN.

Oüy.

MAISTRE D'ARMES.

Et c'est en quoy l'on voit de quelle considération nous autres nous devons estre dans un Etat, & combien la Science des Armes l'emporte hautement sur toutes les autres Sciences inutiles, comme la Dance, la Musique, la....

MAISTRE A DANCER.

Tout-beau, Monsieur le Tireur d'Armes. Ne parlez de la Dance qu'avec respect.

MAISTRE DE MUSIQUE.

Aprenez, je vous prie, à mieux traitter l'excellence de la Musique.

MAISTRE D'ARMES.

Vous estes de plaisantes Gens, de vouloir comparer vos Sciences à la mienne !

MAISTRE DE MUSIQUE.

Voyez un peu l'Homme d'importance !

MAISTRE A DANCER.

Voila un plaisant Animal, avec son Plastron !

MAISTRE D'ARMES.

Mon petit Maistre à Dancer, je vous ferois dancer comme il faut. Et vous, mon petit Musicien, je vous ferois chanter de la belle maniere.

MAISTRE A DANCER.

Monsieur le Batteur de Fer, je vous aprendray vostre Mestier.

MONSIEUR JOURDAIN
au Maistre à Dancer.

Estes-vous fou de l'aller quereller, luy qui entend la tierce & la quarte, & qui sçait tuer un Homme par raison démonstrative?

MAISTRE A DANCER.

Je me moque de sa raison démonstrative, & de sa tierce, & de sa quarte.

MONSIEUR JOURDAIN.

Tout-doux, vous dis-je.

MAISTRE D'ARMES.

Comment? petit Impertinent.

MONSIEUR JOURDAIN.

Eh mon Maistre d'Armes.

MAISTRE A DANCER.

Comment? grand Cheval de Carosse.

MONSIEUR JOURDAIN.

Eh mon Maistre à Dancer.

MAISTRE D'ARMES.

Si je me jette sur vous...

MONSIEUR JOURDAIN.

Doucement.

MAISTRE A DANCER.

Si je mets sur vous la main...

MONSIEUR JOURDAIN.

Tout-beau.

MAISTRE D'ARMES.

Je vous étrilleray d'un air....

MONSIEUR JOURDAIN.

De grace.

MAISTRE A DANCER.

Je vous rosseray d'une maniere....

MONSIEUR JOURDAIN.

Je vous prie.

MAISTRE DE MUSIQUE.

Laissez-nous un peu luy aprendre à parler.

MONSIEUR JOURDAIN.

Mon Dieu, arrestez vous.

SCENE III.

MAISTRE DE PHILOSOPHIE, MAISTRE DE MUSIQUE, MAISTRE A DANCER, MAISTRE D'ARMES, MONSIEUR JOURDAIN, LAQUAIS.

MONSIEUR JOURDAIN.

Hola, Monsieur le Philosophe, vous arrivez tout à propos avec vostre Philosophie. Venez un peu mettre la Paix entre ces Personnes-cy.

MAISTRE DE PHILOSOPHIE.

Qu'est-ce donc? Qu'y a-t-il, Messieurs?

MONSIEUR JOURDAIN.

Ils se sont mis en colere pour la preference de leurs Professions, jusqu'à se dire des injures, & en vouloir venir aux mains.

MAISTRE DE PHILOSOPHIE.

Hé quoy, Messieurs, faut-il s'emporter de la sorte? & n'avez-vous point leu le docte Traité que Seneque a composé, de la Colere? Y a-

t-il

t-il rien de plus bas & de plus honteux, que cette passion, qui fait d'un Homme une Beste feroce? Et la Raison ne doit-elle pas estre maîtresse de tous nos mouvemens ?

MAISTRE A DANCER.

Comment, Monsieur, il vient nous dire des injures à tous deux, en méprisant la Dance que j'exerce, & la Musique dont il fait profession.

MAISTRE DE PHILOSOPHIE.

Un Homme sage est au dessus de toutes les injures qu'on luy peut dire; & la grande réponse qu'on doit faire aux outrages, c'est la moderation, & la patience.

MAISTRE D'ARMES.

Ils ont tous deux l'audace, de vouloir comparer leurs Professions à la mienne.

MAISTRE DE PHILOSOPHIE.

Faut-il que cela vous émeuve ? Ce n'est pas de vaine gloire, & de condition, que les Hommes doivent disputer entr'eux; & ce qui nous distingue parfaitement les uns des autres, c'est la Sagesse, & la Vertu.

MAISTRE A DANCER.

Je luy soûtiens que la Dance est une Science à laquelle on ne peut faire assez d'honneur.

MAISTRE DE MUSIQUE.

Et moy, que la Musique en est une que tous les Siecles ont reverée.

MAISTRE D'ARMES.

Et moy, je leur soûtiens à tous deux, que la Science de tirer des Armes, est la plus belle & la plus necessaire de toutes les Sciences.

MAISTRE DE PHILOSOPHIE.

Et que sera donc la Philosophie ? Je vous trouvé tous trois bien impertinens, de parler devant moy avec cette arrogance; & de donner impudemment le nom de Science à des choses que l'on ne doit pas mesme honorer du nom d'Art, & qui ne peuvent estre comprises que sous le nom de Mestier miserable de Gladiateur, de Chanteur, & de Baladin.

MAISTRE D'ARMES.

Allez, Philosophe de chien.

MAISTRE DE MUSIQUE.

Allez, Belistre de Pédant.

MAISTRE A DANCER.

Allez, Cuistre fieffé.

MAISTE DE PHILOSOPHIE.

Comment ? Marauts que vous estes....

Le Philosophe se jette sur eux, & tous trois le chargent de coups, & sortent en se battant.

MONSIEUR JOURDAIN.

Monsieur le Philosophe.

MAISTRE DE PHILOSOPHIE.

Infames ! coquins ! insolens !

MONSIEUR JOURDAIN.

Monsieur le Philosophe.

MAISTRE D'ARMES.

La peste l'Animal.

MONSIEUR JOURDAIN.

Messieurs.

MAISTRE DE PHILOSOPHIE.

Impudens !

MONSIEUR JOURDAIN.

Monſieur le Philoſophe.

MAISTRE A DANCER.

Diantre ſoit de l'Aſne baſté.

MONSIEUR JOURDAIN.

Meſſieurs.

MAISTRE DE PHILOSOPHIE.

Scelerats !

MONSIEUR JOURDAIN,

Monſieur le Philoſophe.

MAISTRE DE MUSIQUE.

Au Diable l'impertinent.

MONSIEUR JOURDAIN.

Meſſieurs.

MAISTRE DE PHILOSOPHIE.

Fripons ! gueux ! traiſtres ! impoſteurs !

Ils ſortent.

MONSIEUR JOURDAIN.

Monſieur le Philoſophe, Meſſieurs, Monſieur le Philoſophe, Meſſieurs, Monſieur le Philoſophe. Oh battez-vous tant qu'il vous plaira, je n'y ſçaurois que faire, & je n'iray pas gaſter ma Robe pour vous ſeparer. Je ſerois bien fou, de m'aller fourer parmy eux, pour recevoir quelque coup qui me feroit mal.

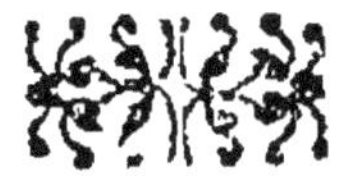

SCENE IV.

MAISTRE DE PHILOSOPHIE, MONSIEUR JOURDAIN,

MAISTRE DE PHILOSOPHIE *en raccommodant son Colet.*

VEnons à nostre Leçon.

MONSIEUR JOURDAIN.

Ah ! Monsieur, je suis fâché des coups qu'ils vous ont donné.

MAISTRE DE PHILOSOPHIE.

Cela n'est rien. Un Philosophe sçait recevoir comme il faut les choses, & je vay composer contr'eux une Satyre du style de Juvenal, qui les déchirera de la belle façon. Laissons cela. Que voulez-vous aprendre ?

MONSIEUR JOURDAIN.

Tout ce que je pouray, car j'ay toutes les envies du monde d'estre sçavant, & j'enrage que mon Pere & ma Mere ne m'ayent pas fait bien étudier dans toutes les Sciences, quand j'estois jeune.

MAISTRE DE PHILOSOPHIE.

Ce sentiment est raisonnable, Nam sine doctrina vita est quasi mortis imago. Vous entendez cela, & vous sçavez le Latin sans doute.

MONSIEUR JOURDAIN.

Oüy, mais faites comme si je ne le sçavois pas. Expliquez-moy ce que cela veut dire.

MAISTRE DE PHILOSOPHIE.

Cela veut dire que sans la Science, la Vie est presque une image de la Mort.

MONSIEUR JOURDAIN.

Ce Latin-là a raison.

MAISTRE DE PHILOSOPHIE.

N'avez-vous point quelques principes, quelques commencemens des Sciences ?

MONSIEUR JOURDAIN.

Oh oüy, je sçay lire & écrire.

MAISTRE DE PHILOSOPHIE.

Par où vous plaist-il que nous commencions ? Voulez-vous que je vous aprenne la Logique ?

MONSIEUR JOURDAIN.

Qu'est-ce que c'est que cette Logique ?

MAISTRE DE PHILOSOPHIE.

C'est elle qui enseigne les trois operations de l'Esprit.

MONSIEUR JOURDAIN.

Qui sont elles, ces trois operations de l'Esprit?

MAISTRE DE PHILOSOPHIE.

La premiere, la seconde, & la troisiéme. La premiere est, de bien concevoir par le moyen des Universaux. La seconde, de bien juger par le moyen des Cathegories : Et la troisiéme, de bien tirer une consequence par le moyen des Figures. Barbara, Celarent, Darii, Ferio, Baralipton, &c.

MONSIEUR JOURDAIN.

Voila des mots qui sont trop rebarbatifs. Cette Logique-là ne me revient point. Aprenons autre chose qui soit plus joly.

MAISTRE DE PHILOSOPHIE.

Voulez-vous aprendre la Morale?

MONSIEUR JOURDAIN.

La Morale?

MAISTRE DE PHILOSOPHIE.

Oüy.

MONSIEUR JOURDAIN.

Qu'est-ce qu'elle dit cette Morale?

MAISTRE DE PHILOSOPHIE.

Elle traitte de la Felicité; Enseigne aux Hommes à moderer leurs passions, &....

MONSIEUR JOURDAIN.

Non, laissons cela. Je suis bilieux comme tous les Diables; & il n'y a Morale qui tienne, je me veux mettre en colere tout mon saoul, quand il m'en prend envie.

MAISTRE DE PHILOSOPHIE.

Est-ce la Physique que vous voulez aprendre?

MONSIEUR JOURDAIN.

Qu'est-ce qu'elle chante cette Physique?

MAISTRE DE PHILOSOPHIE.

La Physique est celle qui explique les principes des choses naturelles, & les proprietez du Corps; Qui discourt de la nature des Elemens, des Métaux, des Mineraux, des Pierres, des Plantes, & des Animaux, & nous enseigne les causes de tous les Méteores, l'Arc-en Ciel, les Feux volans, les Cométes, les Eclairs, le Tonnerre, la Foudre, la Pluye, la Neige, la Gresle, les Vents, & les Tourbillons.

MONSIEUR JOURDAIN.

Il y a trop de tintamare là-dedans, trop de broüillamini.

MAISTRE DE PHILOSOPHIE.

Que voulez-vous donc que je vous aprenne ?

MONSIEUR JOURDAIN.

Aprenez-moy l'Ortographe.

MAISTRE DE PHILOSOPHIE.

Tres-volontiers.

MONSIEUR JOURDAIN.

Apres vous m'aprendrez l'Almanach, pour sçavoir quand il y a de la Lune, & quand il n'y en a point.

MAISTRE DE PHILOSOPHIE.

Soit. Pour bien suivre vostre pensée, & traitter cette matiere en Philosophe, il faut commencer selon l'ordre des choses, par une éxacte connoissance de la nature des Lettres, & de la diferente maniere de les prononcer toutes. Et là-dessus j'ay à vous dire, que les Lettres sont divisées en voyelles, ainsi dites voyelles, parce qu'elles expriment les voix ; & en consonnes, ainsi apellées consonnes, parce qu'elles sonnent avec les voyelles, & ne font que marquer les diverses articulations des voix. Il y a cinq voyelles, ou voix, A, E, I, O, V.

MONSIEUR JOURDAIN.

J'entens tout cela.

MAISTRE DE PHILOSOPHIE.

La voix, A, se forme en ouvrant fort la bouche, A.

MONSIEUR JOURDAIN.

A, A, oüy.

MAISTRE DE PHILOSOPHIE.

La voix, E, se forme en r'aprochant la machoire d'enbas de celle d'enhaut, A, E.

MONSIEUR JOURDAIN.

A, E, A, E Ma foy oüy. Ah que cela est beau !

MAISTRE DE PHILOSOPHIE.

Et la voix, I, en r'aprochant encore davantage les machoires l'une de l'autre, & écartant les deux coins de la bouche vers les oreilles, A, E, I.

MONSIEUR JOURDAIN.

A, E, I, I, I, I. Cela est vray. Vive la Science.

MAISTRE DE PHILOSOPHIE.

La voix, O, se forme en r'ouvrant les machoires, & r'aprochant les levres par les deux coins, le haut & le bas, O.

MONSIEUR JOURDAIN.

O, O. Il n'y a rien de plus juste. A, E, I, O, I, O. Cela est admirable ! I, O, I, O.

MAISTRE DE PHILOSOPHIE.

L'ouverture de la bouche fait justement comme un petit rond qui represente un O.

MONSIEUR JOURDAIN.

O, O, O. Vous avez raison, O. Ah la belle chose, que de sçavoir quelque chose !

MAISTRE DE PHILOSOPHIE.

La voix, V, se forme en r'aprochant les dents sans les joindre entierement, & allongeant les deux levres en dehors, les aprochant aussi l'une de l'autre sans les joindre tout-à-fait, V.

MONSIEUR JOURDAIN.

V, V. Il n'y a rien de plus veritable, V.

MAISTRE DE PHILOSOPHIE.

Vos deux levres s'allongent comme si vous faisiez la mouë : D'où vient que si vous la voulez faire à quelqu'un, & vous moquer de luy, vous ne sçauriez luy dire que V.

MONSIEUR JOURDAIN.

V, V. Cela est vrai. Ah que n'ai-je étudié plûtost, pour sçavoir tout cela !

MAISTRE DE PHILOSOPHIE.

Demain, nous verrons les autres Lettres, qui sont les consonnes.

MONSIEUR JOURDAIN.

Est-ce qu'il y a des choses aussi curieuses qu'à celles-cy ?

MAISTRE DE PHILOSOPHIE.

Sans doute. La consonne, D, par exemple, se prononce en donnant du bout de la langue au dessus des dents d'enhaut, DA.

MONSIEUR JOURDAIN.

DA, DA. Oüy. Ah les belles choses ! les belles choses !

MAISTRE DE PHILOSOPHIE.

L'F, en apuyant les dents d'enhaut sur la levre de dessous, FA.

MONSIEUR JOURDAIN.

FA, FA. C'est la verité. Ah mon Pere & ma Mere, que je vous veux de mal !

MAISTRE DE PHILOSOPHIE.

Et l'R, en portant le bout de la langue jusqu'au haut du palais ; de sorte qu'estant frolée par l'air qui sort avec force, elle lui cede, & revient toûjours au mesme endroit, faisant une maniere de tremblement, R r a

MONSIEUR JOURDAIN.

R, r, ra; R, r, r, r, r, ra. Cela est vrai. Ah l'habile Homme que vous estes ! & que j'ai perdu de temps ! R, r, r, ra.

MAISTRE DE PHILOSOPHIE.

Je vous expliquerai à fond toutes ces curiositez.

MONSIEUR JOURDAIN.

Je vous en prie. Au reste il faut que je vous fasse une confidence. Je suis amoureux d'une Personne de grande qualité, & je souhaiterois que vous m'aidassiez à lui écrire quelque chose dans un petit Billet que je veux laisser tomber à ses pieds.

MAISTRE DE PHILOSOPHIE.

Fort-bien.

MONSIEUR JOURDAIN.

Cela sera galant, oüy.

MAISTRE DE PHILOSOPHIE.

Sans doute. Sont-ce des Vers que vous lui voulez écrire ?

MONSIEUR JOURDAIN.

Non, non, point de Vers.

MAISTRE DE PHILOSOPHIE.

Vous ne voulez que de la Prose ?

MONSIEUR JOURDAIN.

Non, je ne veux ni Prose, ni Vers.

MAISTRE DE PHILOSOPHIE.

Il faut bien que ce soit l'un, ou l'autre.

MONSIEUR JOURDAIN.

Pourquoi ?

MAISTRE DE PHILOSOPHIE.

Par la raison, Monsieur, qu'il n'y a pour s'exprimer, que la Prose, ou les Vers.

MONSIEUR JOURDAIN.

Il n'y a que la Prose, ou les Vers ?

MAISTRE DE PHILOSOPHIE.

Non, Monſieur : Tout ce qui n'eſt point Proſe, eſt Vers ; & tout ce qui n'eſt point Vers, eſt Proſe.

MONSIEUR JOURDAIN.

Et comme l'on parle, qu'eſt-ce que c'eſt donc que cela ?

MAISTRE DE PHILOSOPHIE.

De la Proſe.

MONSIEUR JOURDAIN.

Quoi, quand je dis, Nicole aportez-moi mes Pantoufles, & me donnez mon Bonnet de nuit, c'eſt de la Proſe ?

MAISTRE DE PHILOSOPHIE.

Oüy, Monſieur.

MONSIEUR JOURDAIN.

Par ma foi, il y a plus de quarante ans que je dis de la Proſe, ſans que j'en ſçeuſſe rien ; & je vous ſuis le plus obligé du monde, de m'avoir apris cela. Je voudrois donc lui mettre dans un Billet : *Belle Marquiſe, vos beaux yeux me font mourir d'amour* ; mais je voudrois que cela fût mis d'une maniere galante ; que cela fût tourné gentiment.

MAISTRE DE PHILOSOPHIE.

Mettre que les feux de ſes yeux reduiſent vôtre cœur en cendres ; que vous ſouffrez nuit & jour pour elle les violences d'un....

MONSIEUR JOURDAIN.

Non, non, non, je ne veux point tout cela ; Je ne veux que ce que je vous ay dit : *Belle Marquiſe, vos beaux yeux me font mourir d'amour.*

MAISTRE DE PHILOSOPHIE.

Il faut bien étendre un peu la chose.

MONSIEUR JOURDAIN.

Non, vous dy-je, je ne veux que ces seules paroles-là dans le Billet; mais tournées à la mode, bien arrangées comme il faut. Je vous prie de me dire un peu, pour voir, les diverses manieres dont on les peut mettre.

MAISTRE DE PHILOSOPHIE.

On les peut mettre premierement comme vous avez dit : *Belle Marquise, vos beaux yeux me font mourir d'amour* Ou bien : *D'amour mourir me font, belle Marquise, vos beaux yeux.* Ou bien : *Vos yeux beaux d'amour me font, belle Marquise, mourir.* Ou bien: *Mourir vos beaux yeux, belle Marquise d'amour me font.* Ou bien : *Me font vos yeux beaux mourir, belle Marquise, d'amour.*

MONSIEUR JOURDAIN.

Mais de toutes ces façons là, laquelle est la meilleure?

MAISTRE DE PHILOSOPHIE.

Celle que vous avez dite : *Belle Marquise, vos beaux yeux me font mourir d'amour.*

MONSIEUR JOURDAIN.

Cependant je n'ai point étudié, & j'ai fait cela tout du premier coup. Je vous remercie de tout mon cœur, & vous prie de venir demain de bonne heure.

MAISTRE DE PHILOSOPHIE.

Je n'y manquerai pas.

MONSIEUR JOURDAIN.

Comment? mon Habit n'est point encore arrivé?

2. LAQUAIS.

Non Monsieur.

MONSIEUR JOURDAIN.

Ce maudit Tailleur me fait bien attendre pour un jour où j'ai tant d'affaires. J'enrage. Que la fievre quartaine puisse serrer bien fort le Bourreau de Tailleur. Au Diable le Tailleur. La peste étouffe le Tailleur. Si je le tenois maintenant ce Tailleur détestable, ce chien de Tailleur-là, ce traistre de Tailleur, je....

SCENE V.

MAISTRE TAILLEUR, GARCON TAILLEUR *portant l'Habit de Monsieur Jourdain*, MONSIEUR JOURDAIN, LAQUAIS.

MONSIEUR JOURDAIN.

AH vous voila. Je m'allois mettre en colere contre vous.

MAISTRE TAILLEUR.

Je n'ai pas pû venir plûtost, & j'ai mis vingt Garçons aprés vostre Habit.

MONSIEUR JOURDAIN.

Vous m'avez envoyé des Bas de soye si étroits, que j'ai eu toutes les peines du monde à les mettre, & il y a déja deux mailles de rompuës.

MAISTRE TAILLEUR.

Ils ne s'élargiront que trop.

MONSIEUR JOURDAIN.

Oüy, si je romps toûjours des mailles. Vous m'avez aussi fait faire des Souliers qui me blessent furieusement.

MAISTRE TAILLEUR.

Point du tout, Monsieur.

MONSIEUR JOURDAIN.

Comment point du tout?

MAISTRE TAILLEUR.

Non, ils ne vous blessent point.

MONSIEUR JOURDAIN.

Je vous dis qu'ils me blessent, moy.

MAISTRE TAILLEUR.

Vous vous imaginez cela.

MONSIEUR JOURDAIN.

Je me l'imagine, parce que je le sens. Voyez la belle raison.

MAISTRE TAILLEUR.

Tenez, voila le plus bel Habit de la Cour, & le mieux assorti. C'est un chef-d'œuvre, que d'avoir inventé un Habit serieux, qui ne fût pas noir; & je le donne en six coups aux Tailleurs les plus éclairez.

MONSIEUR JOURDAIN.

Qu'est-ce que c'est que ceci? Vous avez mis les fleurs en enbas.

MAISTRE TAILLEUR.

Vous ne m'avez pas dit que vous les vouliez en enhaut.

MONSIEUR JOURDAIN.

Est-ce qu'il faut dire cela?

MAISTRE TAILLEUR.

Oüy vraiment. Toutes les Personnes de Qualité les portent de la sorte.

MONSIEUR JOURDAIN.

Les Personnes de Qualité portent les fleurs en enbas ?

MAISTRE TAILLEUR.

Oüy, Monsieur.

MONSIEUR JOURDAIN.

Oh voila qui est donc bien.

MAISTRE TAILLEUR.

Si vous vo e z, je les mettrai en enhaut.

MONSIEUR JOURDAIN.

Non, non.

MAISTRE TAILLEUR.

Vous n'avez qu'à dire.

MONSIEUR JOURDAIN.

Non, vous dis-je, vous avez bien fait. Croyez-vous que l'Habit m'aille bien ?

MAISTRE TAILLEUR.

Belle demande ! Je défie un Peintre, avec son pinceau, de vous faire rien de plus juste. J'ai chez moi un Garçon, qui pour monter une Ringrave, est le plus grand Génie du Monde ; & un autre, qui pour assembler un Pourpoint, est le Heros de nostre Temps.

MONSIEUR JOURDAIN.

La Perruque, & les Plumes, sont-elles comme il faut ?

MAISTRE TAILLEUR.

Tout est bien.

MONSIEUR JOURDAIN, *en regardant l'Habit du Tailleur.*

Ah, Ah, Monsieur le Tailleur, voila de mon étoffe du dernier Habit que vous m'avez fait.

Je la reconnois bien.

MAISTRE TAILLEUR.

C'est que l'étoffe me sembla si belle, que j'en ai voulu lever un Habit pour moi.

MONSIEUR JOURDAIN.

Oüy, mais il ne faloit pas le lever avec le mien.

MAISTRE TAILLEUR.

Voulez-vous mettre vostre Habit ?

MONSIEUR JOURDAIN.

Oüy, donnez-le moi.

MAISTRE TAILLEUR.

Attendez. Cela ne va pas comme cela. J'ai amené des Gens pour vous habiller en cadence, & ces sortes d'Habits se mettent avec ceremonie. Hola, entrez vous autres. Mettez cet Habit à Monsieur, de la maniere que vous faites aux Personnes de Qualité.

Quatre Garçons Tailleurs entrent, dont deux luy arrachent le Haut-de-chausse de ses Exercices, & deux autres la Camisole, puis ils luy mettent son Habit neuf; & Monsieur Jourdain se promene entre eux, & leur montre son Habit, pour voir s'il est bien. Le tout à la cadence de toute la Simphonie.

GARCON TAILLEUR.

Mon Gentilhomme, donnez, s'il vous plaist, aux Garçons quelque chose pour boire.

MONSIEUR JOURDAIN.

Comment m'apellez-vous ?

GARCON TAILLEUR.

Mon Gentilhomme.

MONSIEUR JOURDAIN.

Mon Gentilhomme ! Voila ce que c'est, de se mettre en Personne de Qualité. Allez-vous-en demeurer toûjours habillé en Bourgeois, on ne vous dira point mon Gentilhomme. Tenez, voila pour mon Gentilhomme.

GARCON TAILLEUR.

Monſeigneur, nous vous ſommes bien obligez.

MONSIEUR JOURDAIN.

Monſeigneur, oh, oh ! Monſeigneur ! Attendez, mon ami, Monſeigneur merite quelque choſe, & ce n'eſt pas une petite parole que Monſeigneur. Tenez, voila ce que Monſeigneur vous donne.

GARCON TAILLEUR.

Monſeigneur, nous allons boire tous à la ſanté de voſtre Grandeur.

MONSIEUR JOURDAIN.

Voſtre Grandeur, oh, oh, oh ! Attendez, ne vous en allez pas. A moi, voſtre Grandeur ! Ma foi, s'il va juſqu'à l'Alteſſe, il aura toute la Bourſe. Tenez, voila pour ma Grandeur.

GARCON TAILLEUR.

Monſeigneur, nous la remercions tres-humblement de ſes liberalitez.

MONSIEUR IOURDAIN.

Il a bien fait, je lui allois tout donner.

Les quatre Garçons Tailleurs ſe réjoüiſſent par une Dance, qui fait le ſecond Intermede.

Fin du ſecond Acte.

ACTE III.

SCENE PREMIERE.

MONSIEUR JOURDAIN.
LAQUAIS.

MONSIEUR JOURDAIN.

UIVEZ-moi, que j'aille un peu montrer mon Habit par la Ville; & ſur tout, ayez ſoin tous deux de marcher immediatement ſur mes pas, afin qu'on voye bien que vous eſtes à moi.

LAQUAIS.

Oüy, Monſieur.

MONSIEUR JOURDAIN.

Apellez-moi Nicole, que je lui donne quelques ordres. Ne bougez, la voila.

SCENE II.

NICOLE, MONSIEUR JOURDAIN, LAQUAIS.

MONSIEUR JOURDAIN.

Nicole!

NICOLE.

Plaist-il?

MONSIEUR JOURDAIN.

Ecoutez.

NICOLE.

Hi, hi, hi, hi, hi.

MONSIEUR JOURDAIN.

Qu'as-tu à rire?

NICOLE

Hi, hi, hi, hi, hi, hi.

MONSIEUR JOURDAIN.

Que veut dire cette Coquine-là?

NICOLE

Hi, hi, hi. Comme vous voila basti! Hi, hi, hi.

MONSIEUR JOURDAIN.

Comment donc?

NICOLE.

Ah, ah, mon Dieu. Hi, hi, hi, hi, hi.

MONSIEUR JOURDAIN.

Quelle Friponne est-ce là? Te moques-tu de moi?

NICOLE.

Nenni, Monsieur, j'en serois bien fâchée, Hi, hi, hi, hi, hi, hi.

MONSIEUR JOURDAIN.

Ie te baillerai ſur le nez, ſi tu ris davantage.

NICOLE.

Monſieur, je ne puis pas m'en empeſcher. Hi, hi, hi, hi, hi, hi.

MONSIEUR JOURDAIN.

Tu ne t'arreſteras pas ?

NICOLE.

Monſieur, je vous demande pardon; mais vous eſtes ſi plaiſant, que je ne ſçaurois me tenir de rire. Hi, hi, hi.

MONSIEUR JOURDAIN.

Mais voyez quelle inſolence!

NICOLE.

Vous eſtes tout-à-fait drôle comme cela. Hi, h.

MONSIEUR JOURDAIN.

Je te....

NICOLE.

Je vous prie de m'excuſer. Hi, hi, hi, hi.

MONSIEUR JOURDAIN.

Tien, ſi tu ris encore le moins du monde, je te jure que je t'appliquerai ſur la jouë le plus grand ſouflet qui ſe ſoit jamais donné.

NICOLE.

Hé bien, Monſieur, voila qui eſt fait, je ne rirai plus.

MONSIEUR JOURDAIN.

Prens-y bien garde. Il faut que pour tantoſt tu nettoyes....

NICOLE.

Hi, hi.

MONSIEUR JOURDAIN.

Que tu nettoyes comme il faut....

NICOLE.

Hi, hi.

MONSIEUR JOURDAIN.

Il faut, dis-je, que tu nettoyes la Salle, &....

NICOLE.

Hi, hi.

MONSIEUR JOURDAIN.

Encore ?

Tenez, Monsieur, battez-moi plûtost, & me laissez rire tout mon saoul, cela me fera plus de bien. Hi, hi, hi, hi, hi.

MONSIEUR JOURDAIN.

J'enrage.

NICOLE.

De grace, Monsieur, je vous prie de me laisser rire. Hi, hi, hi.

MONSIEUR JOURDAIN.

Si je te prens....

NICOLE.

Monsieur, eur, je creverai, ai, si je ne ri. Hi, hi, hi.

MONSIEUR JOURDAIN.

Mais a-t-on jamais veu une Pendarde comme celle-là, qui me vient rire insolemment au nez, au lieu de recevoir mes ordres ?

NICOLE.

Que voulez-vous que je fasse, Monsieur ?

MONSIEUR JOURDAIN.

Que tu songes, Coquine, à preparer ma Maison pour la Compagnie qui doit venir tantost.

NICOLE.

Ah, par ma foy, je n'ai plus envie de rire ; & toutes vos Compagnies font tant de desordre ceans, que ce mot est assez pour me mettre en mauvaise humeur.

MONSIEUR JOURDAIN.

Ne dois-je point pour toi fermer ma Porte à tout le Monde ?

NICOLE.

Vous devriez au moins la fermer à certaines Gens.

SCENE III.

MADAME IOURDAIN, MONSIEUR JOURDAIN, NICOLE, LAQUAIS.

MADAME JOURDAIN.

AH, ah, voici une nouvelle histoire. Qu'est-ce que c'est donc, mon Mari, que cet équipage-là ? Vous moquez-vous du Monde, de vous estre fait enharnacher de la sorte ? & avez-vous envie qu'on se raille par tout de vous ?

MONSIEUR JOURDAIN.

Il n'y a que des Sots, & des Sottes, ma Femme, qui se railleront de moi.

MADAME JOURDAIN.

Vraiment on n'a pas attendu jusqu'à cette heure, & il y a long-temps que vos façons de faire donnent à rire à tout le Monde.

MONSIEUR JOURDAIN.

Qui est donc tout ce Monde là, s'il vous plaist?

MADAME JOURDAIN.

Tout ce Monde-là est un Monde qui a raison, & qui est plus sage que vous. Pour moi, je suis scandalisée de la vie que vous menez. Je ne sçai plus ce que c'est que nostre Maison. On diroit qu'il est ceans Caresme-prenant tous les jours; Et dés le matin, de peur d'y manquer, on y entend des vacarmes de Violons & de Chanteurs, dont tout le voisinage se trouve incommodé.

NICOLE.

Madame parle bien. Je ne sçaurois plus voir mon ménage propre, avec cet attirail de Gens que vous faites venir chez vous Ils ont des pieds qui vont chercher de la boüe dans tous les Quartiers de la Ville, pour l'apporter ici; & la pauvre Françoise est presque sur les dents, à frotter les planchers que vos biaux Maistres viennent crotter regulierement tous les jours.

MONSIEUR JOURDAIN.

Oüais, nostre Servante Nicole, vous avez le caquet bien affilé pour une Païsanne.

MADAME JOURDAIN.

Nicole a raison, & son sens est meilleur que le vostre. Je voudrois bien sçavoir ce que vous pensez faire d'un Maistre à Dancer à l'âge que vous avez?

NICOLE.

Et d'un grand Maistre Tireur d'Armes, qui

vient, avec ses battemens de pied, ébranler toute la Maison, & nous déraciner tous les carriaux de nostre Salle ?

MONSIEUR JOURDAIN.

Taisez-vous, ma Servante, & ma Femme.

MADAME JOURDAIN.

Est-ce que vous voulez aprendre à dancer, pour quand vous n'aurez plus de jambes ?

NICOLE.

Est-ce que vous avez envie de tuer quelqu'un ?

MONSIEUR JOURDAIN.

Taisez-vous, vous dis-je, vous estes des ignorantes l'une & l'autre, & vous ne sçauez pas les prérogatives de tout cela.

MADAME JOURDAIN.

Vous devriez bien plûtost songer à marier vôtre Fille, qui est en âge d'estre pourveuë.

MONSIEUR JOURDAIN.

Je songerai à marier ma Fille, quand il se presentera un Parti pour elle ; mais je veux songer aussi à apprendre les belles choses.

NICOLE

J'ai encore oüy dire, Madame, qu'il a pris aujourd'huy, pour renfort de potage, un Maistre de Philosophie.

MONSIEUR JOURDAIN.

Fort-bien. Je veux avoir de l'Esprit, & sçavoir raisonner des choses parmy les honnestes Gens.

MADAME JOURDAIN.

N'irez-vous point l'un de ces jours au College vous faire donnet le foüet, à vostre âge ?

MONSIEUR IOURDAIN.

Pourquoi non ? Plût à Dieu l'avoir tout-à-l'heure,

l'heure, le foüet, devant tout le Monde, & sçavoir ce qu'on aprend au College.

NICOLE.

Oüy, ma foi, cela vous rendroit la jambe bien mieux faite.

MONSIEUR JOURDAIN.

Sans doute.

MADAME JOURDAIN.

Tout cela est fort necessaire pour conduire vôtre Maison.

MONSIEUR JOURDAIN.

Assurément. Vous parlez toutes deux comme des Bestes, & j'ai honte de vostre ignorance. Par exemple, sçavez-vous, vous, ce que c'est que vous dites à cette heure?

MADAME JOURDAIN.

Oüy, je sçai que ce que je dis est fort bien dit, & que vous devriez songer à vivre d'autre sorte.

MONSIEUR JOURDAIN.

Je ne parle pas de cela. Je vous demande ce que c'est que les paroles que vous dites ici.

MADAME JOURDAIN.

Ce sont des paroles bien sensées, & vostre conduite ne l'est guéres.

MONSIEUR JOURDAIN.

Je ne parle pas de cela; vous dis-je. Je vous demande; Ce que je parle avec vous, Ce que je vous dy à cette heure, qu'est-ce que c'est?

MADAME JOURDAIN.

Des Chansons.

MONSIEUR JOURDAIN.

Hé non, ce n'est pas cela. Ce que nous disons tous deux, Le langage que nous parlons à cette heure.

MADAME JOURDAIN.

Hé bien ?

MONSIEUR JOURDAIN.

Comment est-ce que cela s'apelle ?

MADAME JOURDAIN.

Cela s'apelle comme on veut l'apeller.

MONSIEUR JOURDAIN.

C'est de la Prose, ignorante.

MADAME JOURDAIN.

De la Prose !

MONSIEUR JOURDAIN.

Oüi, de la Prose. Tout ce qui est Prose, n'est point Vers ; & tout ce qui n'est point Vers, est Prose. Heu, voila ce que c'est d'étudier. Et toi, sçais-tu bien comme il faut faire pour dire un V ?

NICOLE.

Comment ?

MONSIEUR JOURDAIN.

Oüi. Qu'est-ce que tu fais quand tu dis un V ?

NICOLE.

Quoy ?

MONSIEUR JOURDAIN.

Dis un peu, V, pour voir ?

NICOLE.

Hé bien, V.

MONSIEUR JOURDAIN.

Qu'est-ce que tu fais ?

NICOLE.

Je dy, V.

MONSIEUR JOURDAIN.

Oüy; mais quand tu dis, V, qu'est-ce que tu fais ?

NICOLE.

Je fais ce que vous me dites.

MONSIEUR JOURDAIN.

O l'étrange chose, que d'avoir à faire à des Bêtes ! Tu allonges les levres en dehors, & aproches la machoire d'enhaut de celle d'enbas, V, Vois-tu? V. Je fais la moüe, V.

NICOLE.

Oüi, cela est biau.

MADAME JOURDAIN.

Voila qui est admirable.

MONSIEUR JOURDAIN.

C'est bien autre chose, si vous aviez veu O, & DA, DA, & FA, FA.

MADAME JOURDAIN.

Qu'est-ce que c'est donc que tout ce galimatias-là ?

NICOLE.

De quoi est-ce que tout cela guerit ?

MONSIEUR JOURDAIN.

J'enrage, quand je voy des Femmes ignorantes.

MADAME JOURDAIN.

Allez. Vous devriez envoyer promener tous ces Gens-là, avec leurs fariboles.

NICOLE.

Et sur tout ce grand escogrife de Maistre d'Armes, qui remplit de poudre tout mon ménage.

MONSIEUR JOURDAIN.

Oüais, ce Maistre d'Armes vous tient au cœur. Je te veux faire voir ton impertinence tout à l'heure. *Il fait aporter les fleurets, & en donne un à Nicole.* Tien, Raison démonstrative, La ligne du corps. Quand on pousse en quarte, on n'a qu'à faire cela ; & quand on pousse en tierce, on n'a qu'à faire cela. Voila le moyen de n'estre jamais tué ; & cela n'est-il pas beau, d'estre assuré de son fait, quand on se bat contre quelqu'un ? La, pousse-moy un peu pour voir.

NICOLE.

Hé bien, quoy ? *Nicole luy pousse plusieurs coups.*

MONSIEUR JOURDAIN.

Tout-beau. Hola, oh, doucement. Diantre soit la Coquine.

NICOLE.

Vous me dites de pousser.

MONSIEUR JOURDAIN.

Oüy ; mais tu me pousses en tierce, avant que de pousser en quarte, & tu n'as pas la patience que je pare.

MADAME JOURDAIN.

Vous estes fou, mon Mary, avec toutes vos fantaisies, & cela vous est venu depuis que vous vous meslez de hanter la Noblesse.

MONSIEUR JOURDAIN.

Lors que je hante la Noblesse, je fais paroistre mon jugement ; & cela est plus beau que de hanter vostre Bourgeoisie.

MADAME JOURDAIN.

Camon vrayment. Il y a fort à gagner à frequenter vos Nobles, & vous avez bien operé avec ce beau Monsieur le Comte dont vous vous estes embeguiné.

MONSIEUR JOURDAIN.

Paix Songez à ce que vous dites. Sçavez-vous

bien, ma Femme, que vous ne ſçavez pas de qui vous parlez, quand vous parlez de luy? C'eſt une Perſonne d'importance plus que vous ne penſez; Un Seigneur que l'on cōſidere à la Cour, & qui parle au Roy tout comme je vous parle. N'eſt-ce pas une choſe qui m'eſt tout-à-fait honorable, que l'on voye venir chez moy ſi ſouvent une Perſonne de cette qualité, qui m'apelle ſon cher Amy, & me traite comme ſi j'eſtois ſon égal? Il a pour moy des bontez qu'on ne devineroit jamais; & devant tout le monde, il me fait des careſſes dont je ſuis moy-meſme confus.

MADAME JOURDAIN.

Oüy, il a des bontez pour vous, & vous fait des careſſes, mais il vous emprunte voſtre argent.

MONSIEUR JOURDAIN.

Hé bien, ne m'eſt-ce pas de l'honneur, de prêter de l'argent à un Homme de cette condition-la? & puis-je faire moins pour un Seigneur qui m'apelle ſon cher Amy?

MADAME JOURDAIN.

Et ce Seigneur, que fait-il pour vous?

MONSIEUR JOURDAIN.

Des choſes dont on ſeroit étonné, ſi on les ſçavoit.

MADAME JOURDAIN.

Et quoy?

MONSIEUR JOURDAIN

Baſte, je ne puis pas m'expliquer. Il ſuffit que ſi je luy ay preſté de l'argent, il me le rendra bien, & avant qu'il ſoit peu.

MADAME JOURDAIN.

Oüy. Attendez-vous à cela.

MONSIEUR JOURDAIN.

Assurément. Ne me l'a-t-il pas dit ?

MADAME JOURDAIN.

Oüy, oüy, il ne manquera pas d'y faillir.

MONSIEUR JOURDAIN.

Il m'a juré sa foy de Gentilhomme.

MADAME JOURDAIN.

Chansons.

MONSIEUR JOURDAIN.

Oüais, vous estes bien obstinée, ma Femme ; Je vo⁹ dy qu'il me tiendra sa parole, j'en suis seûr.

MADAME JOURDAIN.

Et moy, je suis seûre que non, & que toutes les caresses qu'il vous fait ne sont que pour vous enjoler.

MONSIEUR JOURDAIN.

Taisez-vous. Le voicy.

MADAME JOURDAIN.

Il ne nous faut plus que cela. Il vient peut-estre encore vous faire quelque emprunt ; & il me semble que j'ay disné, quand je le voy.

MONSIEUR JOURDAIN.

Taisez-vous, vous dis-je.

SCENE IV.

DORANTE, MONSIEUR JOURDAIN, MADAME JOURDAIN, NICOLE.

DORANTE.

MOn cher Amy, Monsieur Jourdain, comment vous portez-vous ?

MONSIEUR JOURDAIN.

Fort-bien, Monsieur, pour vous rendre mes petits services.

DORANTE.

Et Madame Jourdain que voila, comment se porte-t elle ?

MADAME JOURDAIN.

Madame Jourdain se porte comme elle peut.

DORANTE.

Comment, Monsieur Jourdain, vous voila le plus propre du monde !

MONSIEUR JOURDAIN.

Vous voyez.

DORANTE.

Vous avez tout-à-fait bon air avec cet Habit, & nous n'avons point de jeunes Gens à la Cour qui soient mieux faits que vous.

MONSIEUR JOURDAIN.

Hay, hay.

MADAME JOURDAIN.

Il le grate par où il se demange.

DORANTE.

Tournez-vous. Cela est tout-à-fait galant.

MADAME JOURDAIN.

Oüy, aussi sot par derriere que par devant.

DORANTE.

Ma foy, Monsieur Jourdain, j'avois une impatience étrange de vous voir. Vous estes l'Homme du monde que j'estime le plus, & je parlois de vous encore ce matin dans la Chambre du Roy.

MONSIEUR JOURDAIN.

Vous me faites beaucoup d'honneur, Monsieur. *A Madame Jourdain.* Dans la Chambre du Roy!

DORANTE.

Allons, mettez...

MONSIEUR JOURDAIN

Monsieur, je sçay le respect que je vous doy.

DORANTE.

Mon Dieu, mettez; point de cerémonie entre nous, je vous prie.

MONSIEUR JOURDAIN.

Monsieur....

DORANTE.

Mettez, vous dis-je, Monsieur Jourdain, vous estes mon Amy.

MONSIEUR JOURDAIN.

Monsieur, je suis vostre Serviteur.

DORANTE.

Je ne me couvriray point, si vous ne vous couvrez.

MONSIEUR JOURDAIN.

J'aime mieux estre incivil, qu'importun.

DORANTE.

Je suis vostre debiteur, comme vous le sçavez.

MADAME JOURDAIN.

Oüy, nous ne le sçàvons que trop.

DORANTE.

Vous m'avez genereusement presté de l'argent en plusieurs occasions, & m'avez obligé de la meilleure grace du monde, assurément.

MONSIEUR JOURDAIN.

Monsieur, vous vous moquez.

DORANTE.

Mais je sçais rendre ce qu'on me preste, & reconnoistre les plaisirs qu'on me fait.

MONSIEUR JOURDAIN.

Je n'en doute point, Monsieur.

DORANTE.

Je veux sortir d'affaire avec vous; & je viens icy pour faire nos comptes ensemble.

MONSIEUR JOURDAIN.

Hé bien, vous voyez vostre impertinence, ma Femme.

DORANTE.

Je suis Homme qui aime à m'acquiter le plûtost que je puis.

MONSIEUR JOURDAIN.

Je vous le disois bien.

DORANTE.

Voyons un peu ce que je vous doy.

MONSIEUR JOURDAIN.

Vous voila, avec vos soupçons ridicules.

DORANTE.

Vous souvenez-vous bien de tout l'argent que vous m'avez presté ?

MONSIEUR JOURDAIN.

Je croy que oüy. J'en ay fait un petit Memoire. Le voicy. Donné à vous une fois, deux cens Loüis.

DORANTE.

Cela est vray.

MONSIEUR JOURDAIN.

Une autre fois, six-vingts.

DORANTE.

Oüy.

MONSIEUR JOURDAIN.

Et une autre fois, cent quarante.

DORANTE.

Vous avez raison.

MONSIEUR JOURDAIN.

Ces trois articles font quatre cens soixante Loüis, qui valent cinq mille soixante livres.

DORANTE.

Le compte est fort bon. Cinq mille soixante livres.

MONSIEUR JOURDAIN.

Mille huit cens trente-deux livres à vostre Plumassier.

DORANTE

Justement.

MONSIEUR JOURDAIN.

Deux mille sept cens quatre-vingts livres à vôtre Tailleur.

DORANTE.

Il est vray.

MONSIEUR JOURDAIN.

Quatre mille trois cens ſeptante-neuf livres. douze ſols huit deniers à voſtre Marchand.

DORANTE.

Fort-bien. Douze ſols huit deniers ; Le compte eſt juſte.

MONSIEUR JOURDAIN.

Et mille ſept cens quarante-huit livres ſept ſols quatre deniers, à voſtre Sellier.

DORANTE.

Tout cela eſt veritable. Qu'eſt-ce que cela fait?

MONSIEUR JOURDAIN.

Somme totale, quinze mille huit cens livres.

DORANTE.

Somme totale eſt juſte ; Quinze mille huit cens livres. Mettez encore deux cens Piſtoles que vous m'allez donner, cela fera juſtement dix-huit mille francs, que je vous payeray au premier jour.

MADAME JOURDAIN.

Hé bien, ne l'avois-je pas bien deviné ?

MONSIEUR JOURDAIN.

Paix.

DORANTE.

Cela vous incommodera-t-il, de me donner ce que je vous dis ?

MONSIEUR JOURDAIN.

Eh non.

MADAME JOURDAIN.

Cet Homme-là fait de vous une Vache à lait.

MONSIEUR JOURDAIN.

Taiſez-vous.

DORANTE.

Si cela vous incommode, j'en iray chercher ailleurs.

MONSIEUR JOURDAIN.

Non, Monſieur.

MADAME JOURDAIN.

Il ne ſera pas content, qu'il ne vous ait ruiné.

MONSIEUR JOURDAIN.

Taiſez-vous, vous dis-je.

DORANTE.

Vous n'avez qu'à me dire ſi cela vous embaraſſe.

MONSIEUR JOURDAIN.

Point, Monſieur.

MADAME JOURDAIN.

C'eſt un vray enjoleux.

MONSIEUR JOURDAIN.

Taiſez-vous donc.

MADAME JOURDAIN.

Il vous ſuçera juſqu'au dernier ſou.

MONSIEUR JOURDAIN.

Vous tairez-vous ?

DORANTE.

J'ay force Gens qui m'en preſteroient avec joye : mais comme vous eſtes mon meilleur Amy, j'ay crû que je vous ferois tort, ſi j'en demandois à quelqu'autre.

MONSIEUR JOURDAIN.

C'eſt trop d'honneur, Monſieur, que vous me faites. Je vai querir voſtre affaire.

MADAME JOURDAIN.

Quoi, vous allez encore lui donner cela ?

MONSIEUR JOURDAIN.

Que faire? Voulez-vous que je refuse un Homme de cette condition-là, qui a parlé de moy ce matin dans la Chambre du Roy?

MADAME JOURDAIN.

Allez, vous estes une vraye Dupe.

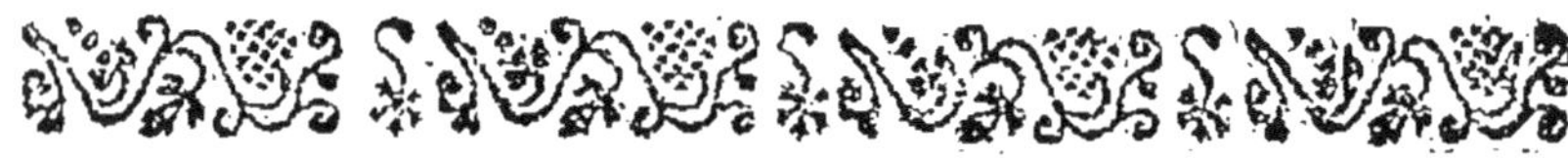

SCENE V.

DORANTE, MADAME JOURDAIN, NICOLE.

DORANTE.

VOus me semblez toute mélancolique. Qu'avez-vous, Madame Jourdain?

MADAME JOURDAIN.

J'ay la teste plus grosse que le poing, & si elle n'est pas enflée.

DORANTE.

Mademoiselle vostre Fille, où est-elle, que je ne la voy point?

MADAME JOURDAIN.

Mademoiselle ma Fille est bien où elle est.

DORANTE.

Comment se porte-t-elle?

MADAME JOURDAIN.

Elle se porte sur ses deux jambes.

DORANTE.

Ne voulez-vous point un de ses jours venir,

voir avec elle, le Ballet & la Comedie que l'on fait chez le Roy ?

MADAME JOURDAIN.

Oüy vrayment, nous avons fort envie de rire, fort envie de rire nous avons.

DORANTE.

Je pense, Madame Jourdain, que vous avez eu bien des Amans dans vostre jeune âge, bel & d'agreable humeur comme vous estiez.

MADAME JOURDAIN.

Tredame, Monsieur, est-ce que Madame Jourdain est décrépite, & la teste luy groüille-t-elle déja ?

DORANTE.

Ah ma foy, Madame Jourdain, je vous demande pardon. Je ne songeois pas que vous estes jeune, & je resve le plus souvent. Je vous prie d'excuser mon impertinence.

SCENE VI.

MONSIEUR JOURDAIN, MADAME JOURDAIN, DORANTE, NICOLE.

MONSIEUR JOURDAIN.

VOila deux cens Loüis bien comptez.

DORANTE.

Je vous assure, Monsieur Jourdain, que je suis tout à vous, & que je brûle de vous rendre un service à la Cour.

MONSIEUR JOURDAIN.

Je vous suis trop obligé.

DORANTE.

Si Madame Jourdain veut voir le divertissement Royal, je luy feray donner les meilleures places de la Salle.

MADAME JOURDAIN.

Madame Jourdain vous baise les mains.

DORANTE *bas à Monsieur Jourdain.*

Nostre belle Marquise, comme je vous ay mandé par mon Billet, viendra tantost icy pour le Ballet & le Repas ; & je l'ay fait consentir enfin au Cadeau que vous luy voulez donner.

MONSIEUR JOURDAIN.

Tirons-nous un peu plus loin, pour cause.

DORANTE.

Il y a huit jours que je ne vous ay veu, & je ne vous ay point mandé de nouvelles du Diamant que vous me mistes entre les mains, pour luy en faire present de vostre part; mais c'est que j'ay eu toutes les peines du monde à vaincre son scrupule, & ce n'est que d'aujourd'huy qu'elle s'est resoluë à l'accepter.

MONSIEUR JOURDAIN.

Comment l'a-t-elle trouvé?

DORANTE.

Merveilleux; & je me trompe fort, ou la beauté de ce Diamant fera pour vous sur son esprit un effet admirable.

MONSIEUR JOURDAIN.

Plût au Ciel!

MADAME JOURDAIN.

Quand il est une fois avec luy, il ne peut le quitter.

DORANTE.

Je luy ay fait valoir comme il faut la richesse de ce present, & la grandeur de vostre amour.

MONSIEUR JOURDAIN.

Ce sont, Monsieur, des bontez qui m'accablent; & je suis dans une confusion la plus grande du monde, de voir une Personne de vostre Qualité s'abaisser pour moy à ce que vous faites.

DORANTE.

Vous moquez-vous? Est-ce qu'entre Amis on s'arreste à ces sortes de scrupules? Et ne feriez-vous pas pour moy la mesme chose, si l'occasion s'en offroit?

MONSIEUR JOURDAIN.

Ho assurément, & de tres-grand cœur.

MADAME JOURDAIN.

Que sa presence me pese sur les épaules!

DORANTE.

Pour moy, je ne regarde rien, quand il faut servir un Amy; & lors que vous me fistes confidence de l'ardeur que vous aviez prise pour cette Marquise agreable chez qui j'avois commerce, vous vistes que d'abord je m'offris de moy-mesme à servir vostre amour.

MONSIEUR JOURDAIN.

Il est vray, ce sont des bontez qui me confondent.

MADAME JOURDAIN.

Est-ce qu'il ne s'en ira point?

NICOLE.

Ils se trouvent bien ensemble.

DORANTE.

Vous avez pris le bon biais pour toucher son cœur. Les Femmes aiment sur tout les dépenses qu'on fait pour elles; & vos frequentes Serenades, & vos Bouquets continuels, ce superbe Feu d'artifice qu'elle trouva sur l'eau, le Diamant qu'elle a receu de vostre part, & le Cadeau que vous luy preparez, tout cela luy parle bien mieux en faveur de vostre amour, que toutes les paroles que vous auriez pû luy dire vous-mesme.

MONSIEUR JOURDAIN.

Il n'y a point de dépenses que je ne fisse, si par là je pouvois trouver le chemin de son cœur. Une Femme de Qualité a pour moy des charmes ravissans, & c'est un honneur que j'acheterois au prix de toute chose.

MADAME JOURDAIN.

Que peuvent-ils tant dire ensemble ? Va-t-en un peu tout doucement prester l'oreille.

DORANTE.

Ce sera tantost que vous joüirez à vostre aise du plaisir de sa veuë, & vos yeux auront tout le temps de se satisfaire.

MONSIEUR JOURDAIN.

Pour estre en pleine liberté, j'ay fait en sorte que ma Femme ira disner chez ma sœur, où elle passera toute l'apresdisnée.

DORANTE.

Vous avez fait prudemment, & vostre Femme auroit pû nous embarasser. J'ay donné pour vous l'ordre qu'il faut au Cuisinier, & à toutes les choses qui sont necessaires pour le Ballet. Il est de mon invention ; & pourveu que l'execution puisse répondre à l'idée, je suis seûr qu'il sera trouvé....

MONSIEUR JOURDAIN *s'aperçoit que Nicole écoute, & luy donne un souflet.*

Oüais, vous estes bien impertinente. Sortons, s'il vous plaist.

SCENE VII.

MADAME JOURDAIN, NICOLE.

NICOLE.

MA foy, Madame, la curiosité m'a cousté quelque chose ; mais je croy qu'il y a quelque anguille sous roche, & ils parlent de quelque affaire, où ils ne veulent pas que vous soyez.

MADAME JOURDAIN.

Ce n'est pas d'aujourd'huy, Nicole, que j'ay conçeu des soupçons de mon Mary. Je suis la plus trompée du monde, ou il y a quelque amour en campagne, & je travaille à découvrir ce que ce peut estre. Mais songeons à ma Fille. Tu sçais l'amour que Cleonte a pour elle. C'est un Homme qui me revient, & je veux aider sa recherche, & luy donner Lucile, si je puis.

NICOLE.

En verité, Madame, je suis la plus ravie du monde, de vous voir dans ces sentimens ; car si le Maistre vous revient, le Valet ne me revient pas moins, & je souhaiterois que nostre mariage se pût faire à l'ombre du leur.

MADAME JOURDAIN.

Va-t-en luy parler de ma part, & luy dire que tout-à-l'heure il me vienne trouver, pour faire ensemble à mon Mary la demande de ma Fille.

NICOLE.

J'y cours, Madame, avec joye, & ie ne pouvois recevoir une commission plus agreable. Je vay, je pense, bien réjoüir les Gens.

SCENE VIII.

CLEONTE, COVIELLE, NICOLE.

NICOLE.

AH vous voila tout à propos. Je suis une Ambassadrice de joye, & je viens. ..

CLEONTE.

Retire-toy, perfide, & ne me vien point amuser avec tes traistresses paroles.

NICOLE.

Est-ce ainsi que vous recevez....

CLEONTE.

Retire-toy, te dis-je, & va-t-en dire de ce pas à ton infidelle Maistresse, qu'elle n'abusera de sa vie le trop simple Cleonte..

NICOLE.

Quel vertigo est-ce donc là ? Mon pauvre Covielle, dy-moy un peu ce que cela veut dire ?

COVIELLE.

Ton pauvre Covielle, petite Scelérate ? Allons viste, oste-toy de mes yeux, vilaine, & me laisse en repos.

NICOLE.

Quoy, tu me viens aussi....

COVIELLE.

Oste-toi de mes yeux, te dis je, & ne me parle de ta vie.

NICOLE

Oüais! Quelle mouche les a piquez tous deux ? Allons de cette belle histoire informer ma Maistresse.

SCENE IX.

CLEONTE, COVIELLE.

CLEONTE.

QUoy, traitter un Amant de la sorte ; & un Amant le plus fidelle, & le plus passionné de tous les Amans ?

COVIELLE.

C'est une chose épouventable, que ce qu'on nous fait à tous deux.

CLEONTE.

Je fais voir pour une Personne toute l'ardeur, & toute la tendresse qu'on peut imaginer ; Je n'aime rien au monde qu'elle, & je n'ay qu'elle dans l'esprit : Elle fait tous mes soins, tous mes desirs, toute ma joye ; je ne parle que d'elle, je ne pense qu'à elle, je ne fais des songes que d'elle, je ne respire que par elle, mon cœur vit tout en elle ; & voila de tant d'amitié la digne récompense ! Je suis deux jours sans la voir, qui sont pour moy deux siecles effroyables ; je la rencontre par hazard ; mon cœur à cette veuë se sent tout transporté, ma joie éclate sur mon visage ; je vole avec ravissement vers elle ; & l'infidelle détourne de moi ses regards, & passe brusquement comme si de sa vie elle ne m'avoit veu !

COVIELLE.

Je dis les mesmes choses que vous.

CLEONTE.

Peut-on rien voir d'égal, Covielle, à cette perfidie de l'ingrate Lucile ?

COVIELLE.

Et à celle, Monsieur, de la pendarde de Nicole.

CLEONTE.

Apres tant de sacrifices ardans, de soûpirs, & de vœux que j'ai faits à ses charmes !

COVIELLE.

Apres tant d'assidus hommages, de soins, & de services que je lui ai rendus dans la Cuisine !

CLEONTE.

Tant de larmes que j'ai versées à ses genoux !

COVIELLE.

Tant de seaux d'eau que j'ai tirez au Puits pour elle !

CLEONTE.

Tant d'ardeur que j'ai fait paroistre à la chérir plus que moi-mesme.

COVIELLE.

Tant de chaleur que j'ai soufferte à tourner la Broche à sa place!

CLEONTE.

Elle me fuit avec mépris.

COVIELLE.

Elle me tourne le dos avec effronterie!

CLEONTE.

C'est une perfidie digne des plus grands chastimens.

COVIELLE.

C'est une trahison à meriter mille souflets.

CLEONTE.

Ne t'avise point, je te prie, de me parler jamais pour elle.

COVIELLE.

Moi, Monsieur! Dieu m'en garde.

CLEONTE.

Ne vien point m'excuser l'action de cette infidelle.

COVIELLE.

N'aiez pas peur

CLEONTE.

Non, vois-tu, tous tes discours pour la defendre, ne serviront de rien.

COVIELLE.

Qui songe à cela?

CLEONTE.

Je veux contr'elle conserver mon ressentiment, & rompre ensemble tout commerce.

COVIELLE.

J'y consens.

CLEONTE.

Ce Monsieur le Comte qui va chez elle, lui donne peut-estre dans la veuë; & son esprit, je le voi bien, se laisse ébloüir à la qualité. Mais il me faut, pour mon honneur, prévenir l'eclat de son inconstance. Je veux faire autant de pas qu'elle au changement où je la voi courir, & ne lui laisser pas toute la gloire de me quitter.

COVIELLE.

C'est fort bien dit, & j'entre pour mon compte dans tous vos sentimens.

CLEONTE.

Donne la main à mon dépit, & soûtien ma resolution contre tous les restes d'amour qui me pouroient parler pour elle. Dy-m'en, je t'en conjure, tout le mal que tu pourras. Fais-moi de sa Personne une peinture qui me la rende méprisable; & marque-moi bien, pour m'en dégouster, tous les defauts que tu peux voir en elle.

COVIELLE.

Elle, Monsieur, Voila une belle Mijaurée, une Pimpe-soüée bien bastie, pour vous donner tant d'amour. Je ne lui voi rien que de tres-mediocre, & vous trouverez cent Personnes qui seront plus dignes de vous. Premierement, elle a les yeux petits.

CLEONTE.

Cela est vrai, elle a les yeux petits; mais elle les a pleins de feux, les plus brillans, les plus perçans du monde, les plus touchans qu'on puisse voir.

COVIELLE.

COVIELLE.

Elle a la bouche grande.

CLEONTE.

Oüy; mais on y voit des graces qu'on ne voit point aux autres bouches; & cette bouche, en la voiant, inspire des desirs, est la plus attraiante, la plus amoureuse du monde.

COVIELLE.

Pour sa taille, elle n'est pas grande.

CLEONTE.

Non; mais elle est aisée, & bien prise.

COVIELLE.

Elle affecte une nonchalance dans son parler, & dans ses actions.

CLEONTE.

Il est vrai; mais elle a grace à tout cela, & ses manieres sont engageantes, ont je ne sçai quel charme à s'insinuer dans les cœurs.

COVIELLE.

Pour de l'Esprit....

CLEONTE.

Ah elle en a, Covielle, du plus fin, du plus délicat.

COVIELLE.

Sa conversation....

CLEONTE.

Sa conversation est charmante.

COVIELLE.

Elle est toûjours sérieuse.

CLEONTE.

Veux-tu de ces enjoûmens épanoüis, de ces joyes toûjours ouvertes? & vois-tu rien de plus impertinent, que des Femmes qui rient à tout propos?

COVIELLE.

Mais enfin elle est capricieuse autant que Personne du monde.

CLEONTE.

Oüy, elle est capricieuse, j'en demeure d'accord; mais tout sied bien aux Belles, on souffre tout des Belles.

COVIELLE.

Puis que cela va comme cela, je voi bien que vous avez envie de l'aimer toûjours.

CLEONTE.

Moi, j'aimerois mieux mourir; & je vai la haïr autant que je l'ai aimée.

COVIELLE.

Le moyen, si vous la trouvez si parfaite?

CLEONTE.

C'est en quoi ma vengeance sera plus éclatante; en quoi je veux faire mieux voir la force de mon cœur, à la haïr, à la quitter, toute belle, toute pleine d'attraits, toute aimable que je la trouve. La voici.

SCENE X.

CLEONTE, LUCILE, COVIELLE, NICOLE.

NICOLE.

POur moi, j'en ai esté toute scandalisée.

LUCILE.

Ce ne peut estre, Nicole, que ce que je te dis. Mais le voila.

CLEONTE.

Je ne veux pas seulement luy parler.

COVIELLE.

Je veux vous imiter.

LUCILE.

Qu'est-ce donc, Cleonte, qu'avez-vous ?

NICOLE.

Qu'as-tu donc, Covielle ?

LUCILE.

Quel chagrin vous possede ?

NICOLE.

Quelle mauvaise humeur te tient ?

LUCILE.

Estes-vous muet, Cleonte ?

NICOLE.

As-tu perdu la parole, Covielle ?

CLEONTE.

Que voila qui est scelerat !

COVIELLE.

Que cela est Judas !

LUCILE.

Je voy bien que la rencontre de tantost a troublé vostre esprit.

CLEONTE.

Ah, ah, on voit ce qu'on a fait.

NICOLE

Nostre accueil de ce matin t'a fait prendre la chevre.

COVIELLE.

On a deviné l'encloüeure.

LUCILE.

N'est-il pas vrai, Cleonte, que c'est là le sujet de vostre dépit ?

CLEONTE.

Oüy, perfide, ce l'est, puis qu'il faut parler ; & j'ai à vous dire que vous ne triompherez pas comme vous pensez de vostre infidelité, que je veux estre le premier à rompre avecque vous, & que vous n'aurez pas l'avantage de me chasser. J'aurai de la peine, sans doute, à vaincre l'amour que j'ai pour vous ; cela me causera des chagrins: Je souffrirai un temps ; mais j'en viendrai à bout, & je me percerai plûtost le cœur, que d'avoir la foiblesse de retourner à vous.

COVIELLE.

Queussy, queumy.

LUCILE.

Voila bien du bruit pour un rien. Je veux vous dire, Cleonte, le sujet qui m'a fait ce matin éviter vostre abord.

CLEONTE.

Non, je ne veux rien écouter.

NICOLE.

Je te veux aprendre la cause qui nous a fait passer si viste.

COVIELLE.

Je ne veux rien entendre.

LUCILE.

Sçachez que ce matin....

CLEONTE.

Non, vous dis-je.

NICOLE.

Aprens que....

COVIELLE.

Non, traistresse.

LUCILE.

Ecoutez.

CLEONTE.

Point d'affaire.

NICOLE.

Laisse-moy dire.

COVIELLE.

Je suis sourd.

LUCILE.

Cleonte.

CLEONTE.

Non.

NICOLE.

Covielle.

COVIELLE.

Point.

LUCILE.

Arrestez.

CLEONTE.

Chanſons.

NICOLE.

Entens-moi.

COVIELLE.

Bagatelles.

LUCILE.

Un moment.

CLEONTE.

Point du tout.

NICOLE.

Un peu de patience.

COVIELLE.

Tarare.

LUCILE.

Deux paroles.

CLEONTE.

Non, ç'en eſt fait.

NICOLE.

Un mot.

COVIELLE.

Plus de commerce

LUCILE.

Hé bien, puis que vous ne voulez pas m'écouter, demeurez dans voſtre penſée, & faites ce qu'il vous plaira.

NICOLE.

Puis que tu fais comme cela, prens-le tout comme tu voudras.

CLEONTE.

Sçachons donc le ſujet d'un ſi bel accueil.

LUCILE.

Il ne me plaiſt plus de le dire.

COVIELLE.

Aprens-nous un peu cette histoire.

NICOLE.

Je ne veux plus, moi, te l'aprendre.

CLEONTE.

Dites-moi....

LUCILE.

Non, je ne veux rien dire.

COVIELLE.

Conte-moi....

NICOLE.

Non, je ne conte rien.

CLEONTE.

De grace.

LUCILE.

Non, vous dy-je.

COVIELLE.

Par charité.

NICOLE.

Point d'affaire.

CLEONTE.

Je vous en prie.

LUCILE.

Laissez-moi.

COVIELLE.

Je t'en conjure.

NICOLE.

Oste-toi de là.

CLEONTE.

Lucile.

LUCILE.

Non.

COVIELLE.

Nicole.

NICOLE.

Point.

CLEONTE.

Au nom des Dieux.

LUCILE.

Je ne veux pas.

COVIELLE.

Parle-moi.

NICOLE.

Point du tout.

CLEONTE.

Eclaircissez mes doutes.

LUCILE.

Non, je n'en ferai rien.

COVIELLE.

Gueris-moi l'esprit.

NICOLE.

Non il ne me plaist pas.

CLEONTE.

Hé bien, puis que vous vous souciez si peu de me tirer de peine, & de vous justifier du traitement indigne que vous avez fait à ma flâme, vous me voiez, ingrate, pour la derniere fois, & je vai loin de vous mourir de douleur & d'amour.

COVIELLE.

Et moi, je vai suivre ses pas.

LUCILE.

Cleonte.

NICOLE.

Covielle.

CLEONTE.

Eh ?

COVIELLE

Plaist-il ?

LUCILE.

Où allez-vous ?

CLEONTE.

Où je vous ai dit.

COVIELLE.

Nous allons mourir.

LUCILE.

Vous allez mourir, Cleonte ?

CLEONTE.

Oüy, cruelle, puis que vous le voulez.

LUCILE.

Moi, je veux que vous mouriez ?

CLEONTE.

Oüy, vous le voulez.

LUCILE.

Qui vous le dit ?

CLEONTE.

N'est-ce pas le vouloir, que de ne vouloir pas éclaircir mes soupçons ?

LUCILE.

Est-ce ma faute ? Et si vous aviez voulu m'écouter, ne vous aurois-je pas dit que l'avanture dont vous vous plaignez, a esté causée ce matin par la presence d'une vieille Tante, qui veut à toute force, que la seule aproche d'un Homme des-honore une Fille ; Qui perpetuellement nous sermone sur ce chapitre, & nous figure tous les Hommes comme des Diables qu'il faut fuir ?

NICOLE.

Voila le secret de l'affaire.

CLEONTE.

Ne me trompez-vous point, Lucile ?

COVIELLE.

Ne m'en donnes-tu point à garder ?

LUCILE.

Il n'est rien de plus vrai.

NICOLE.

C'est la chose comme elle est.

COVIELLE.

Nous rendrons-nous à cela ?

CLEONTE.

Ah, Lucile, qu'avec un mot de vostre bouche vous sçavez apaiser de choses dans mon cœur ! & que facilement on se laisse persuader aux Personnes qu'on aime !

COVIELLE.

Qu'on est aisément amadoüé par ces diantres d'animaux-là !

SCENE XI.

MADAME JOURDAIN, CLEONTE, LUCILE, COVIELLE, NICOLE.

MADAME JOURDAIN.

JE ſuis bien aiſe de vous voir, Cleonte, & vous voila tout à propos. Mon Mari vient, prenez viſte voſtre temps pour lui demander Lucile en mariage.

CLEONTE.

Ah, Madame, que cette parole m'eſt douce, & qu'elle flate mes deſirs ! Pouvois-je recevoir un ordre plus charmant ? une faveur plus précieuſe ?

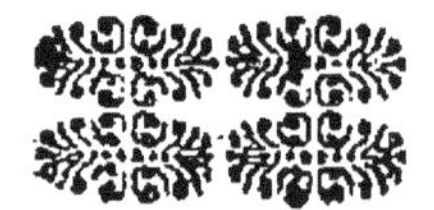

SCENE XII.

MONSIEUR JOURDAIN, MADAME JOURDAIN, CLEONTE, LUCILE, COVIELLE, NICOLE,

CLEONTE.

Monsieur, je n'ai voulu prendre personne pour vous faire une demande que je médite il y a long temps. Elle me touche assez pour m'en charger moi-mesme; & sans autre détour, je vous dirai que l'honneur d'estre vôtre Gendre est une faveur glorieuse que je vous prie de m'accorder.

MONSIEUR JOURDAIN.

Avant que de vous rendre réponse, Monsieur, je vous prie de me dire, si vous estes Gentilhomme.

CLEONTE.

Monsieur, la pluspart des Gens sur cette question, n'hesitent pas beaucoup. On tranche le mot aisément. Ce nom ne fait aucun scrupule à prendre, & l'usage aujourd'huy semble en authoriser le vol. Pour moi, je vous l'avouë, j'ai les sentimens sur cette matiere un peu plus délicats. Je trouve que toute imposture est indigne d'un honneste Homme, & qu'il y a de la lâcheté à déguiser ce que le Ciel nous a fait naistre ; à se parer aux yeux du monde d'un Titre dérobé ; à se vouloir donner pour ce qu'on n'est pas. Je suis né de Parens, sans doute, qui ont tenu des Charges honorables. Je me suis acquis dans les Armes l'honneur de six ans de services, & je me trouve assez de bien pour tenir dans le Monde un rang assez passable : mais avec tout cela je ne veux point me donner un nom où d'autres en ma place croiroient pouvoir prétendre ; & je vous dirai franchement que je ne suis point Gentilhomme.

MONSIEUR JOURDAIN.

Touchez-là, Monsieur. Ma fille n'est pas pour vous.

CLEONTE.

Comment ?

MONSIEUR JOURDAIN.

Vous n'estes point Gentilhomme, vous n'aurez pas ma Fille.

MADAME JOURDAIN.

Que voulez vous donc dire avec vostre Gentilhomme ? Est-ce que nous sommes, nous autres, de la Coste de S. Loüis ?

MONSIEUR JOURDAIN.

Taisez vous, ma Femme je vous voy venir.

MADAME JOURDAIN.

Descendons-nous tous deux que de bonne Bourgeoisie ?

MONSIEUR JOURDAIN.

Voila pas le coup de langue ?

MADAME JOURDAIN.

Et vostre Pere n'estoit-il pas Marchand aussi bien que le mien ?

MONSIEUR JOURDAIN.

Peste soit de la Femme. Elle n'y a jamais manqué. Si vostre Pere a esté Marchand, tant-pis pour luy; mais pour le mien, ce sont des malavisez qui disent cela. Tout ce que j'ai à vous dire, moy, c'est que je veux avoir un Gendre Gentilhomme.

MADAME JOURDAIN.

Il faut à vostre Fille un Mari qui lui soit propre, & il vaut mieux pour elle un honneste Homme riche & bien fait, qu'un Gentilhomme gueux & mal basty.

NICOLE.

Cela est vrai. Nous avons le Fils du Gentilhomme de nostre Village, qui est le plus grand Malitorne & le plus sot Dadais que j'aie jamais veu.

MONSIEUR JOURDAIN.

Taisez-vous, impertinente. Vous vous fourrez toûjours dans la conversation; j'ai du bien assez pour ma Fille, je n'ai besoin que d'honneur, & je la veux faire Marquise.

MADAME JOURDAIN.

Marquise!

MONSIEUR JOURDAIN.

Oüy, Marquise.

MADAME JOURDAIN.

Helas! Dieu m'en garde.

MONSIEUR JOURDAIN.

C'est une chose que j'ai resoluë.

MADAME JOURDAIN.

C'est une chose, moi, où je ne consentirai point. Les alliances avec plus grand que soi, sont sujettes toûjours à de fâcheux inconveniens. Je ne veux point qu'un Gendre puisse à ma Fille reprocher ses Parens, & qu'elle ait des Enfans qui ayent honte de m'apeler leur Grand-Maman. S'il faloit qu'elle me vinst visiter en équipage de Grand-Dame, & qu'elle manquât par mégarde à salüer quelqu'un du Quartier, on ne manqueroit pas aussi-tost de dire cent sottises. Voyez-vous, diroit-on, cette Madame la Marquise qui fait tant la glorieuse ? c'est la Fille de Monsieur Jourdain, qui estoit trop heureuse, estant petite, de joüer à la Madame avec nous : Elle n'a pas toûjours esté si relevée que la voila ; & ses deux Grand-Peres vendoient du Drap aupres de la Porte Saint Innocent. Ils ont amassé du bien à leurs Enfans, qu'ils payent maintenant, peut-estre, bien cher en l'autre Monde, & l'on ne devient guéres si riches à estre honnestes Gens. Je ne veux point tous ces caquets, & je veux un Homme en un mot qui m'ait obligation de ma Fille, & à qui je puisse dire, Mettez-vous là, mon Gendre, & disnez avec moy.

MONSIEUR JOURDAIN.

Voila bien les sentimens d'un petit Esprit, de vouloir demeurer toûjours dans la bassesse. Ne me repliquez pas davantage, ma Fille sera Marquise en dépit de tout le monde ; & si vous me mettez en colere, je la ferai Duchesse.

MADAME JOURDAIN.

Cleonte, ne perdez point courage encore. Suivez-moi, ma Fille, & venez dire résolument à vostre Pere, que si vous ne l'avez, vous ne voulez épouser personne.

SCENE XIII.

CLEONTE, COVIELLE.

COVIELLE.

Vous avez fait de belles affaires, avec vos beaux ſentimens.

CLEONTE.

Que veux-tu ? J'ai un ſcrupule là-deſſus, que l'exemple ne ſçauroit vaincre.

COVIELLE.

Vous moquez-vous, de le prendre ſérieuſement avec un Homme comme cela ? Ne voyez-vous pas qu'il eſt fou ? & vous couſtoit-il quelque choſe de vous accommoder à ſes chimeres ?

CLEONTE.

Tu as raiſon ; mais je ne croyois pas qu'il falût faire ſes preuves de Nobleſſe, pour eſtre Gendre de Monſieur Jourdain.

COVIELLE.

Ah, ah, ah.

CLEONTE.

Dequoi ris-tu ?

COVIELLE.

D'une penſée qui me vient pour joüer noſtre Homme, & vous faire obtenir ce que vous ſouhaitez.

CLEONTE.

Comment ?

COVIELLE.

L'idée est tout-à-fait plaisante.

CLEONTE.

Quoy donc ?

COVIELLE.

Il s'est fait depuis peu une certaine Mascarade qui vient le mieux du monde icy, & que je prétens faire entrer dans une bourle que je veux faire à nostre Ridicule. Tout cela sent un peu sa Comédie ; mais avec luy on peut hazarder toute chose, il n'y faut point chercher tant de façons, & il est Homme à y joüer son rôle à merveille ; à donner aisément dans toutes les fariboles qu'on s'avisera de luy dire. J'ay les Acteurs, j'ay les Habits tout prests, laissez-moi faire seulement.

CLEONTE.

Mais aprens-moy....

COVIELLE.

Je vais vous instruire de tout ; retirons-nous, le voila qui revient.

SCENE XIV.

MONSIEUR JOURDAIN, LAQUAIS.

MONSIEUR JOURDAIN.

QUe Diable est-ce là ? Ils n'ont rien que les grands Seigneurs à me reprocher ; & moi je ne vois rien de si beau, que de hanter les grands Seigneurs; il n'y a qu'honneur & que civilité avec eux, & je voudrois qu'il m'eust cousté deux doigts de la main, & estre né Comte, ou Marquis.

LAQUAIS.

Monsieur, voicy Monsieur le Comte, & une Dame qu'il mene par la main.

MONSIEUR JOURDAIN.

Hé mon Dieu, j'ai quelques ordres à donner. Dy-leur que je vais venir icy tout-à-l'heure.

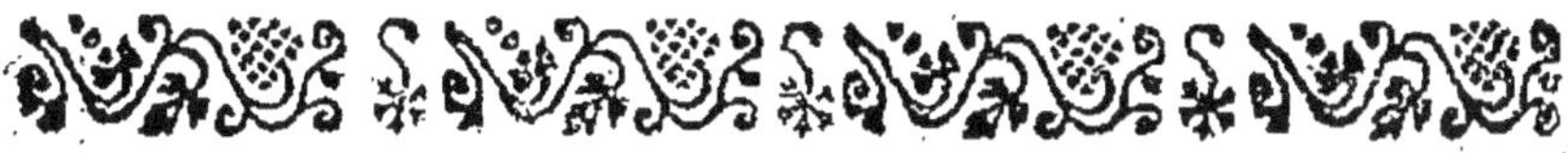

SCENE XV.

DORIMENE, DORANTE, LAQUAIS.

LAQUAIS.

Monsieur dit comme cela, qu'il va venir icy tout-à-l'heure.

DORANTE.

Voila qui est bien.

DORIMENE.

Je ne sçai pas, Dorante; je fais encore icy une étrange démarche, de me laisser amener par vous, dans une Maison où je ne connois personne.

DORANTE.

Quel lieu voulez-vous donc, Madame, que

mon amour choisisse pour vous régaler, puis que pour fuir l'éclat, vous ne voulez ni vostre Maison, ni la mienne ?

DORIMENE.

Mais vous ne dites pas que je m'engage insensiblemẽt chaque jour à recevoir de trop grands témoignages de vostre passion. J'ai beau me défendre des choses, vous fatiguez ma resistance, & vous avez une civile opiniâtreté qui me fait venir doucement à tout ce qu'il vous plaist. Les Visites frequentes ont commencé ; les Declarations sont venuës en suite, qui apres elles ont traisné les Serenades & les Cadeaux, que les Présens ont suivy. Je me suis oposée à tout cela, mais vous ne vous rebutez point, & pied à pied vous gagnez mes resolutions. Pour moi je ne puis plus répondre de rien, & je croi qu'à la fin vous me ferez venir au Mariage dont je me suis tant éloignée,

DORANTE.

Ma foi, Madame, vous y devriez déja estre. Vous estes Veuve, & ne dépendez que de vous. Je suis maistre de moi, & vous aime plus que ma vie. A quoy tient-il que dés aujourd'huy vous ne fassiez tout mon bonheur ?

DORIMENE.

Mon Dieu, Dorante, il faut des deux parts bien des qualitez pour vivre heureusement ensemble ; & les deux plus raisonnables Personnes du Monde, ont souvent peine à composer une union dont ils soient satisfaits.

DORANTE.

Vous vous moquez, Madame, de vous y figurer

tant de difficultez ; & l'experience que vous avez faite, ne conclut rien pour tous les autres.

DORIMENE.

Enfin j'en reviens toûjours là. Les dépenses que je vous voi faire pour moi, m'inquietent par deux raisons ; l'une, qu'elles m'engagent plus que je ne voudrois ; & l'autre, que je suis seure, sans vous déplaire, que vous ne les faites point, que vous ne vous incommodiez ; & je ne veux point cela.

DORANTE.

Ah, Madame, ce sont des bagatelles, & ce n'est pas par là....

DORIMENE.

Je sçay ce que je dy ; & entr'autres le Diamant que vous m'avez forcée à prendre, est d'un prix....

DORANTE.

Eh, Madame, de grace, ne faites point tant valoir une chose que mon amour trouve indigne de vous ; & souffrez.... Voicy le Maistre du Logis.

SCENE XVI.

MONSIEUR JOURDAIN, DORIMENE, DORANTE, LAQUAIS.

MONSIEUR JOURDAIN *aprés avoir fait deux revérences, se trouvant trop pr·· de Dorimene.*

UN peu plus loin, Madame.

DORIMENE.

Comment?

MONSIEUR JOURDAIN.

Un pas, s'il vous plaist.

DORIMENE.

Quoy donc?

MONSIEUR IOURDAIN.

Reculez un peu, pour la troisiéme.

DORANTE.

Madame, Monsieur Jourdain sçait son monde.

MONSIEUR JOURDAIN.

Madame, ce m'est une gloire bien grande, de me voir assez fortuné, pour estre si heureux, que d'avoir le bonheur, que vous ayez eu la bonté de m'accorder la grace, de me faire l'honneur, de m'honorer de la faveur de vostre presence: Et si j'avois aussi le mérite, pour mériter un mérite comme le vostre, & que le

Ciel.... envieux de mon bien.... m'eust accordé.... l'avantage de me voir digne.... des....

DORANTE.

Monsieur Jourdain, en voila assez ; Madame n'aime pas les grands complimens, & elle sçait que vous estes Homme d'esprit. *bas à Dorimene.* C'est un bon Bourgeois assez ridicule, comme vous voyez, dans toutes ses manieres.

DORIMENE.

Il n'est pas malaisé de s'en apercevoir.

DORANTE.

Madame, voila le meilleur de mes Amis.

MONSIEUR JOURDAIN.

C'est trop d'honneur que vous me faites.

DORANTE.

Galant Homme tout-à-fait.

DORIMENE.

J'ay beaucoup d'estime pour luy.

MONSIEUR JOURDAIN.

Je n'ay rien fait encore, Madame, pour meriter cette grace.

DORANTE *bas à Monsieur Jourdain.*

Prenez bien garde au moins, à ne luy point parler du Diamant que vous luy avez donné.

MONSIEUR JOURDAIN.

Ne pourois-je pas seulement luy demander comment elle le trouve ?

DORANTE.

Comment ? gardez vous en bien. Cela seroit vilain à vous ; & pour agir en galant Homme, il faut que vous fassiez comme si ce n'estoit pas vous qui luy eussiez fait ce présent. Monsieur Jourdain, Madame, dit qu'il est ravy de vous voir chez luy.

DORIMENE.

Il m'honore beaucoup.

MONSIEUR JOURDAIN.

Que je vous suis obligé, Monsieur, de luy parler ainsi pour moi !

DORANTE.

J'ai eu une peine effroyable à la faire venir ici.

MONSIEUR JOURDAIN.

Je ne sçay quelles graces vous en rendre.

DORANTE.

Il dit, Madame, qu'il vous trouve la plus belle Personne du Monde.

DORIMENE.

C'est bien de la grace qu'il me fait.

MONSIEUR JOURDAIN.

Madame, c'est vous qui faites les graces, &....

DORANTE.

Songeons à manger.

LAQUAIS.

Tout est prest, Monsieur.

DORANTE.

Allons donc nous mettre à table, & qu'on fasse venir les Musiciens.

Six Cuisiniers, qui ont preparé le Festin, dancent ensemble, & font le troisiéme Intermede ; apres quoy ils aportent une Table couverte de plusieurs Mets.

Fin du Troisiéme Acte.

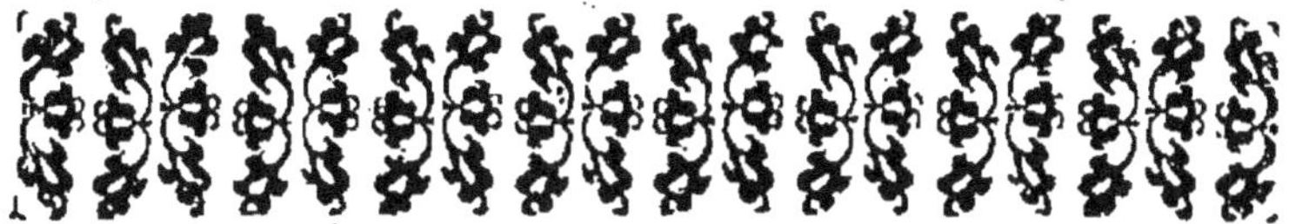

ACTE IV.

SCENE PREMIERE.

DORANTE, DORIMENE, MONSIEUR JOURDAIN, DEUX MUSICIENS, UNE MUSICIENNE, LAQUAIS.

DORIMENE.

OMMENT, Dorante, voila un Repas tout á-fait magnifique !

MONSIEUR JOURDAIN.

Vous vous moquez, Madame, & je voudrois qu'il fust plus digne de vous estre offert. *Tous se mettent à Table.*

DORANTE.

Monsieur Jourdain a raison, Madame, de parler de la sorte, & il m'oblige de vous faire si bien les honneurs de chez luy. Je demeure d'accord avec luy, que le Repas n'est pas digne de vous. Comme c'est moi qui l'ai ordonné, & que je n'ai pas sur cette matiere les lumieres de nos Amis, vous n'avez pas ici un Repas fort sçavant, & vous y trouverez des incongruitez de bonne chere, & des barbarismes de bon goust. Si Damis s'en estoit meslé, tout seroit dans les regles ; il y il y auroit par tout de l'élegance & de l'érudition, & il ne manqueroit pas de vous exagerer luy-mesme toutes les pieces du Repas qu'il vous donneroit, & de vous faire tomber d'accord de sa haute capacité dans la science des bons morceaux ; de vous parler d'un Pain de rive, à bizeau doré, relevé de crouste par tout, croquant tendrement sous la dent ; d'un Vin à séve veloutée, armé d'un vert qui n'est point trop commandant ; d'un Carré de Mouton gourmandé de persil ; d'une Longe de Veau de Riviere, longue comme cela, blanche, délicate, & qui sous les dens est une vraye pâte d'amende ; de Perdrix relevées d'un fumet surprenant ; & pour son Opera, d'une Soupe à boüillon perlé, soûtenuë d'un jeune gros Dindon, cantonné de Pigeonneaux, & couronnée d'Oignons blancs, mariez avec la Chicorée. Mais pour moy, je vous avouë mon ignorance ; & comme Monsieur Jourdain a fort bien dit, je voudrois que le Repas fust plus digne de vous estre offert.

DORIMENE.

Je ne répons à ce compliment, qu'en mangeant comme je fais.

MONSIEUR JOURDAIN.

Ah que voila de belles mains !

DORIMENE.

Les mains sont mediocres, Monsieur Jourdain ; mais vous voulez parler du Diamant qui est fort beau.

MONSIEUR JOURDAIN.

Moy, Madame ! Dieu me garde d'en vouloir

parler ; ce ne seroit pas agir en galant Homme, & le Diamant est fort peu de chose.

DORIMENE.

Vous estes bien dégousté.

MONSIEUR JOURDAIN.

Vous avez trop de bonté....

DORANTE.

Allons, qu'on donne du Vin à Monsieur Jourdain, & à ces Messieurs qui nous feront la grace de nous chanter un Air à boire.

DORIMENE.

C'est merveilleusement assaisonner la bonne chere, que d'y mesler la Musique; & je me vois icy admirablement régalée.

MONSIEUR JOURDAIN.

Madame, ce n'est pas....

DORANTE.

Monsieur Jourdain, prestons silence à ces Messieurs ; ce qu'ils nous diront, vaudra mieux que tout ce que nous pourions dire.

Les Musiciens & la Musicienne prenent des Verres, chantent deux Chansons à boire , & sont soûtenus de toute la Simphonie.

PREMIERE CHANSON A BOIRE.

Un petit doigt , Philis , pour commencer le tour :
Ah ! qu'un Verre en vos mains a d'agreables charmes !
Vous & le Vin , vous vous prestez des armes ,
Et je sens pour tous deux redoubler mon amour :
Entre luy , vous & moy , jurons, jurons ma Belle ,
Une ardeur eternelle.

Qu'en mouillant vostre bouche il en reçoit d'atraits,
Et que l'on voit par luy vostre bouche embellie!
Ah! l'un de l'autre ils me donnent envie,
Et de vous & de luy je m'enyvre à longs traits:
Entre luy, vous & moy, jurons, jurons ma Belle,
Une ardeur eternelle.

SECONDE CHANSON A BOIRE.

Buvons, chers Amis, buvons,
Le temps qui fuit nous y convie;
Profitons de la vie
Autant que nous pouvons:
Quand on a passé l'onde noire,
Adieu le bon Vin, nos amours;
Depeschons-nous de boire,
On ne boit pas toûjours.

Laissons raisonner les Sots
Sur le vray bonheur de la vie;
Nostre Philosophie
Le met parmy les Pots:
Les biens, le sçavoir, & la gloire,
N'ostent point les soucis fascheux;
Et ce n'est qu'à bien boire
Que l'on peut estre heureux.

Sus, sus du Vin, par tout versez, Garçon versez,
Versez, versez toûjours, tant qu'on vous dise assez.

DORIMENE.

Je ne croy pas qu'on puisse mieux chanter, & cela est tout-à-fait beau.

MONSIEUR JOURDAIN.

Je vois encore icy, Madame, quelque chose de plus beau.

DORIMENE.

Oüais. Monsieur Jourdain est galant plus que je ne pensois,

DORANTE.

Comment, Madame, pour qui prenez-vous Monsieur Jourdain ?

MONSIEUR JOURDAIN.

Je voudrois bien qu'elle me prist pour ce que je dirois.

DORIMENE.

Encore !

DORANTE.

Vous ne le connoissez pas.

MONSIEUR JOURDAIN.

Elle me connoistra quand il luy plaira.

DORIMENE.

Oh je le quitte.

DORANTE.

Il est Homme qui a toûjours la risposte en main. Mais vous ne voyez pas que Monsieur Jourdain, Madame, mange tous les morceaux que vous touchez.

DORIMENE.

Monsieur Jourdain est un Homme qui me ravit.

MONSIEUR JOURDAIN.

Si je pouvois ravir vostre cœur, je serois....

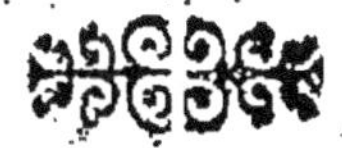

SCENE II.

MADAME JOURDAIN, MONSIEUR JOURDAIN, DORIMENE, DORANTE, MUSICIENS, MUSICIENNE, LAQUAIS.

MADAME JOURDAIN.

AH, ah, je trouve icy bonne compagnie, & je voy bien qu'on ne m'y attendoit pas. C'est donc pour cette belle affaire-cy, Monsieur mon Mary, que vous avez eu tant d'empressement à m'envoyer disner chez ma Sœur ; Je viens de voir un Theatre là-bas, & je vois icy un Banquet à faire Nopces. Voila comme vous dépensez vostre bien, & c'est ainsi que vous festinez les Dames en mon absence, & que vous leur donnez la Musique & la Comedie, tandis que vous m'envoyez promener.

DORANTE.

Que voulez-vous dire, Madame Jourdain ? & quelles fantaisies sont les vostres, de vous aller mettre en teste que vostre Mary dépense son bien, & que c'est luy qui donne ce Régale à Madame? Aprenez que c'est moy, je vous prie; Qu'il ne fait seulement que me prester sa Maison, & que vous devriez un peu mieux regarder aux choses que vous dites.

MONSIEUR JOURDAIN.

Oüy, impertinente, c'est Monsieur le Comte qui donne tout cecy à Madame, qui est une Personne de Qualité. Il me fait l'honneur de prendre ma Maison, & de vouloir que je sois avec luy.

MADAME JOURDAIN.

Ce sont des Chansons que cela ; je sçay ce que je sçay.

DORANTE.

Prenez, Madame Jourdain, prenez de meilleures Lunettes.

MADAME JOURDAIN.

Je n'ay que faire de Lunettes, Monsieur, & je voy assez clair ; il y a long-temps que je sens les choses, & je ne suis pas une Beste. Cela est fort vilain à vous, pour un grand Seigneur, de prester la main comme vous faites aux sottises de mon Mary. Et vous, Madame, pour une grand'Dame, cela n'est ny beau, ny honneste à vous, de mettre de la dissention dans un Ménage, & de souffrir que mon Mary soit amoureux de vous.

DORIMENE.

Que veutd onc dire tout cecy ? Allez, Dorante, vous vous moquez, de m'exposer aux sottes visions de cette extravagante.

DORANTE.

Madame, hola Madame, où courez-vous ?

MONSIEUR JOURDAIN.

Madame, Monsieur le Comte, faites-luy excuses, & tâchez de la ramener. Ah, impertinente que vous estes, voila de vos beaux faits ; vous me venez faire des affronts devant tout le monde, & vous chassez de chez moy des Personnes de Qualité.

MADAME JOURDAIN.

Je me moque de leur Qualité.

MONSIEUR JOURDAIN.

Je ne sçai qui me tient, maudite, que je ne vous fende la teste avec les pieces du Repas que vous estes venuë troubler.

On oste la Table.

MADAME JOURDAIN *sortant.*

Je me moque de cela. Ce sont mes droicts que je defens, & j'auray pour moy toutes les Femmes.

MONSIEUR JOURDAIN.

Vous faites bien d'éviter ma colere. Elle est arrivée là bien malheureusement. J'estois en humeur de dire de jolies choses, & jamais je ne m'estois senty tant d'esprit. Qu'est-ce que c'est que cela ?

SCENE III.

COVIELLE *deguisé.*
MONSIEUR JOURDAIN,
LAQUAIS.

COVIELLE.

Monsieur, je ne sçay pas si j'ay l'honneur d'estre connu de vous.

MONSIEUR JOURDAIN.

Non, Monsieur.

COVIELLE.

Je vous ay veu que vous n'estiez pas plus grand que cela.

MONSIEUR JOURDAIN.

Moy!

COVIELLE.

Oüy, vous estiez le plus bel Enfant du Monde, & toutes les Dames vous prenoient dans leurs bras pour vous baiser.

MONSIEUR JOURDAIN.

Pour me baiser!

COVIELLE.

Oüy. J'estois grand Amy de feu Monsieur vôtre Pere.

MONSIEUR JOURDAIN.

De feu Monsieur mon Pere!

COVIELLE

Oüy. C'estoit un fort honneste Gentilhomme.

MONSIEUR JOURDAIN.

Comment dites-vous?

COVIELLE.

Je dis que c'estoit un fort honneste Gentilhomme.

MONSIEUR JOURDAIN.

Mon Pere!

COVIELLE.

Oüy.

MONSIEUR JOURDAIN.

Vous l'avez fort connu?

COVIELLE.

Assurément.

MONSIEUR JOURDAIN.

Et vous l'avez connu pour Gentilhomme ?

COVIELLE.

Sans doute.

MONSIEUR JOURDAIN

Je ne sçay donc pas comment le Monde est fait.

COVIELLE.

Comment ?

MONSIEUR JOURDAIN.

Il y a de sottes Gens qui me veulent dire qu'il a esté Marchand.

COVIELLE.

Luy Marchand ! C'est pure médisance, il ne l'a jamais esté. Tout ce qu'il faisoit, c'est qu'il estoit fort obligeant, fort officieux ; & comme il se connoissoit fort bien en étoffes, il en alloit choisir de tous les costez, les faisoit aporter chez luy, & en donnoit à ses Amis pour de l'argent

MONSIEUR JOURDAIN.

Je suis ravy de vous connoistre, afin que vous rendiez ce témoignage-la que mon Pere estoit Gentilhomme.

COVIELLE.

Je le soûtiendray devant tout le Monde.

MONSIEUR JOURDAIN.

Vous m'obligerez. Quel sujet vous ameine ?

COVIELLE.

Depuis avoir connu feu Monsieur vostre Pere honneste Gentilhomme, comme je vous ay dit, j'ay voyagé par tout le Monde.

MONSIEUR JOURDAIN.

Par tout le Monde !

COVIELLE.

Oüy.

MONSIEUR JOURDAIN.

Je pense qu'il y a bien loin en ce Païs-là.

COVIELLE.

Assurément. Je ne suis revenu de tous mes longs Voyages que depuis quatre jours ; & par l'interest que je prens à tout ce qui vous touche, je viens vous anoncer la meilleure nouvelle du monde.

MONSIEUR JOURDAIN.

Quelle ?

COVIELLE.

Vous sçavez que le Fils du Grand Turc est ici ?

MONSIEUR JOURDAIN.

Moy ? non.

COVIELLE.

Comment! Il a un train tout-à-fait magnifique; tout le Monde le va voir, & il a esté receu en ce Païs comme un Seigneur d'importance.

MONSIEUR JOURDAIN.

Par ma foy, je ne sçavois pas cela.

COVIELLE.

Ce qu'il y a d'avantageux pour vous, c'est qu'il est amoureux de vostre Fille.

MONSIEUR JOURDAIN.

Le Fils du Grand Turc ?

COVIELLE.

Oüy ; & il veut estre vostte Gendre.

MONSIEUR JOURDAIN.

Mon Gendre, le Fils du Grand Turc !

COVIELLE.

Le Fils du Grand Turc vostre Gendre. Comme je le fus voir, & que j'entens parfaitement sa langue, il s'entretint avec moy; & apres quelques autres discours, il me dit. *Acciam croc soler onch alla moustaph gidelum amanahem varahini oussere carbulath* C'est à dire; n'as-tu point veu une jeune belle Personne, qui est la Fille de Monsieur Jourdain, Gentilhomme Parisien?

MONSIEUR JOURDAIN.

Le Fils du Grand Turc dit cela de moy?

COVIEELE.

Oüy. Comme je luy eus répondu que je vous connoissois particulierement, & que j'avois veu vostre Fille: Ah, me dit-il, *Marababa sahem*; c'est à dire, Ah que je suis amoureux d'elle!

MONSIEUR JOURDAIN.

Marababa sahem veut dire, Ah que je suis amoureux d'elle?

COUIELLE

Oüy.

MONSIEUR JOURDAIN.

Par ma foy, vous faites bien de me le dire, car pour moy je n'aurois jamais crû que *Marababa sahem* eust voulu dire, Ah que je suis amoureux d'elle! Voila une langue admirable, que ce Turc!

COVIELLE.

Plus admirable qu'on ne peut croire. Sçavez-vous bien ce que veut dire, *Cacaracamouchen*?

MONSIEUR JOURDAIN.

Cacaracamouchen? Non.

COVIELLE.

C'est à dire, Ma chere ame.

MONSIEUR JOURDAIN.

Cacaracamouchen veut dire, Ma chere ame ?

COVIELLE.

Oüy.

MONSIEUR JOURDAIN.

Voila qui est merveilleux ! *Cacaracamouchen*, Ma chere ame : Diroit-on jamais cela ? Voila qui me confond.

COVIELLE.

Enfin pour achever mon Ambassade, il vient vous demander vostre Fille en mariage; & pour avoir un Beau-Pere qui soit digne de luy, il veut vous faire *Mamamouchi*, qui est une certaine Grande dignité de son Païs.

MONSIEUR JOURDAIN.

Mamamouchi ?

COVIELLE.

Ouy, *Mamamouchi* : c'est à dire en nostre langue, Paladin. Paladin, ce sont de ces anciens. ...Paladin en fin: Il n'y a rien de plus noble que cela dans le Monde ; & vous irez de pair avec les plus grands Seigneurs de la Terre.

MONSIEUR JOURDAIN.

Le Fils du Grand Turc m'honore beaucoup, & je vous prie de me mener chez luy, pour luy en faire mes remercîmens.

COVIELLE.

Comment ? le voila qui va venir icy.

MONSIEUR JOURDAIN.

Il va venir icy ?

COVIELLE.

Oüy ; & il amene toutes choses pour la ceremonie de vostre Dignité.

MONSIEUR JOURDAIN.

Voila qui est bien prompt.

COVIELLE.

Son amour ne peut souffrir aucun retardement.

MONSIEUR JOURDAIN.

Tout ce qui m'embarasse icy, c'est que ma Fille est une opiniâtre, qui s'est allé mettre dans la teste un certain Cleonte, & elle jure de n'épouser personne que celuy-là.

COVIELLE.

Elle changera de sentiment, quand elle verra le Fils du Grand Turc; & puis il se rencontre icy une avanture merveilleuse, c'est que le Fils du Grand Turc ressemble à ce Cleonte, à peu de chose pres. Je viens de le voir, on me l'a montré; & l'amour qu'elle a pour l'un, poura passer aisément à l'autre, & .... Je l'entens venir; le voila.

SCENE IV.

CLEONTE *en Turc, avec trois Pages portans sa veste.*
MONSIEUR JOURDAIN,
COVIELLE *deguisé.*

CLEONTE.

A*Mbousahim oqui boraf, Jordina, salamalequi.*

COVIELLE.

C'est à dire; Monsieur Jourdain, vostre cœur

ſoit toute l'année comme un Roſier fleury. Ce ſont façõs de parler obligeantes de ces Païs-là.

MONSIEUR JOURDAIN.

Je ſuis tres-humble ſerviteur de ſon Alteſſe Turque.

COVIELLE.

Carigar camboto ouſtin moraf.

CLEONTE.

Ouſtin yoc catamalequi buſum baſe alla moran.

COVIELLE.

Il dit que le Ciel vous donne la force des Lions, & la prudence des Serpens.

MONSIEUR JOURDAIN.

Son Alteſſe Turque m'honore trop, & je luy ſouhaite toutes ſortes de proſperitez.

COVIELLE.

Oſſa binamen ſadoc baballi oracaf ouram.

CLEONTE.

Bel-men.

COVIELLE.

Il dit que vous alliez viſte avec luy vous préparer pour la cerémonie, afin de voir en ſuite vôtre Fille, & de conclure le mariage.

MONSIEUR JOURDAIN.

Tant de choſes en deux mots ?

COVIELLE.

Oüy, la Langue Turque eſt comme cela, elle dit beaucoup en peu de paroles. Allez viſte où il ſouhaite.

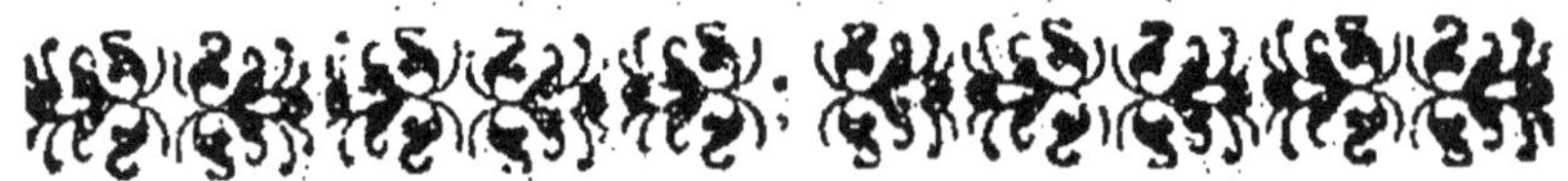

SCENE V.

DORANTE, COVIELLE,

COVIELLE.

HA, ha, ha. Ma foy, céla est tout-à-fait drôle. Quelle dupe! Quand il auroit apris son rôle par cœur, il ne pouroit pas le mieux joüer. Ah, ah. Je vous prie, Monsieur, de nous vouloir aider ceans dans une affaire qui s'y passe.

DORANTE.

Ah, ah, Covielle, qui t'auroit reconnu? Comme te voila ajusté!

COVIELLE.

Vous voyez. Ah, ah.

DORANTE.

De quoy ris-tu?

COVIELLE.

D'une chose, Monsieur, qui le mérite bien.

DORANTE.

Comment?

COVIELLE.

Je vous le donnerois en bien des fois, Monsieur, à deviner, le stratagéme dont nous nous servons aupres de Monsieur Jourdain, pour porter son esprit à donner sa Fille à mon Maistre.

DORANTE.

Je ne devine point le stratagême, mais je devine qu'il ne manquera pas de faire son effet, puis que tu l'entreprens.

COVIELLE.

Je sçay, Monsieur, que la Beste vous est connuë.

DORANTE.

Aprens-moy ce que c'est.

COVIELLE.

Prenez la peine de vous tirer un peu plus loin, pour faire place à ce que j'aperçoy venir. Vous pourez voir une partie de l'histoire, tandis que je vous conteray le reste.

La ceremonie Turque pour ennoblir le Bourgeois, se fait en Dance & en Musique, & compose le quatrieme Intermede.

LE Mufti, quatre Dervis, six Turcs dançans, six Turcs Musiciens, & autres Joüeurs d'Instrumens à la Turque, sont les Acteurs de cette Ceremonie.

Le Mufti invoque Mahomet avec les douze Turcs & les quatre Dervis; apres on luy amene le Bourgeois vestu à la Turque, sans Turban & sans Sabre, auquel il chante ces paroles.

LE MUFTI.

Seti sabir
Ti respondir
Se non sabir
Tazir, tazir.

Mi ſtar Mufti
Ti qui ſtar ti
Non intendir
Tazir, tazir.

Le Mufti demande en meſme langue aux Turcs aſſiſtans, de quelle Religion eſt le Bourgeois, & ils l'aſſurent qu'il eſt Mahometan. Le Mufti invoque Mahomet en langue Franque; & chante les paroles qui ſuivent,

LE MUFTI.

Mahameta per Giourdina
Mi pregar ſera é mattina
Voler far un Paladina
De Giourdina, de Giourdina.
Dar Turbanta é edar ſcarcina
Con Galeraé Brigantina
Per deffender Paleſtina.
Mahametta, &c.

Le Mufti demande aux Turcs ſi le Bourgeois ſera ferme dans la Religion Mahometane, & leur chante ces paroles.

LE MUFTI.

Star bon Turca, Giourdina.

LES TURCS.

Hi vallá.

LE MUFTI dance & chante ces mots.

Hu la ba ba la chou ba la ba ba la da,

Les Turcs répondent les meſmes Vers.

Le Mufti propoſe de donner le Turban au Bourgeois, & chante les paroles qui ſuivent.

LE MUFTI.

Ti non ſtar Furba.

LES TURCS.

No no no.

LE MUFTI.

Non ſtar furfanta.

LES TURCS.

No no no.

LE MUFTI.

Donar Turbanta, donar Turbanta

Les Turcs repetent tout ce qu'a dit le Mufti pour donner le Turban au Bourgeois. Le Mufti & les Dervis ſe coëffent avec des Turbans de ceremonies, & l'on preſente au Mufti l'Alcoran, qui fait une ſeconde Invocation avec tout le reſte des Turcs aſſiſtans; apres ſon Invocation il donne au Bourgeois l'Epée, & chante ces paroles.

LE MUFTI.

Ti ſtar nobilé é non ſtar fabbola
Pigliar ſchiabbola.

Les Turcs repetent les meſmes Vers, mettant tous le Sabre à la main, & ſix d'entre eux dancent autour du Bourgeois, auquel ils feignent de donner pluſieurs coups de Sabre.

Le Mufti commande aux Turcs de baſtonner le Bourgeois, & chante les paroles qui ſuivent.

LE MUFTI.

Dara dara.
Baſtonnara baſtonnara.

Les Turcs repetent les meſmes Vers, & luy donnent pluſieurs coups de Baſton en cadance.

Le Mufti aprés l'avoir fait baſtonner, luy dit en chantant.

LE MUFTI.

Non tener honta
Questa star ultima affronta.

Les Turcs repetent les mesmes Vers.

Le Mufti recommence une Invocation, & se retire apres la Ceremonie avec tous les Turcs, en dançant & chantant avec plusieurs Instrumens à la Turquesque.

Fin du Quatriéme Acte.

ACTE V.

SCENE PREMIERE.

MADAME JOURDAIN, MONSIEUR JOURDAIN.

MADAME JOURDAIN.

H mon Dieu, misericorde! Qu'est-ce que c'est donc que cela? Quelle figure! Est-ce un Momon que vous allez porter; & est-il temps d'aller en Masque? Parlez donc, qu'est-ce que c'est que cecy? Qui vous a fagoté comme cela?

MONSIEUR JOURDAIN.

Voyez l'impertinente, de parler de la sorte à un *Mamamouchi!*

MADAME JOURDAIN.

Comment donc?

MONSIEUR JOURDAIN.

Oüy, il me faut porter du respect maintenant? & l'on vient de me faire *Mamamouchi*.

MADAME JOURDAIN.

Que voulez-vous dire avec vostre *Mamamouchi*?

MONSIEUR JOURDAIN.

Mamamouchi, vous dy-je. Je suis *Mamamouchi*.

MADAME JOURDAIN.

Quelle Beste est-ce là ?

MONSIEUR JOURDAIN.

Mamamouchi, c'est à dire en nostre Langue, Paladin.

MADAME JOURDAIN.

Baladin! Estes-vous en âge de dãcer des Ballets?

MONSIEUR JOURDAIN.

Quelle ignorante ! Je dis Paladin; c'est une Dignité dont on vient de me faire la cerémonie.

MADAME JOURDAIN.

Quelle cerémonie donc ?

MONSIEUR JOURDAIN.

Mahameta per Jordina.

MADAME JOURDAIN.

Qu'est-ce que cela veut dire ?

MONSIEUR JOURDAIN.

Jordina, c'est à dire Jourdain.

MADAME JOURDAIN.

Hé bien quoy, Jourdain ?

MONSIEUR JOURDAIN.

Voler far un Paladina de Jordina.

MADAME JOURDAIN.

Comment ?

MONSIEUR JOURDAIN.

Dar turbanta con galera.

MADAME JOURDAIN.

Qu'est-ce á dire cela ?

MONSIEUR JOURDAIN.

Per deffender Palestina.

MADAME JOURDAIN.

Que voulez-vous done dire ?

MONSIEUR JOURDAIN.

Dara dara bastonnara.

MADAME JOURDAIN.

Qu'est-ce donc que ce jargon-lâ ?

MONSIEUR JOURDAIN.

Non tener honta questa star l'ultima affronta.

MADAME JOURDAIN.

Quest-ce que c'est donc que tout cela ?

MONSIEUR JOURDAIN *dance & chante.*

Hou la ba ba la chou ba la ba ba la da.

MADAME JOURDAIN.

Helas, mon Dieu, mon Mary est devenu fou.

MONSIEUR JOURDAIN *sortant.*

Paix, insolente, portez respect à Monsieur le *Mamamouchi.*

MADAME JOURDAIN.

Où est-ce qu'il a donc perdu l'esprit ? Courons l'empescher de sortir. Ah, ah, voicy justement le reste de nostre écu. Je ne voy que chagrin de tous costez. *Elle sort.*

SCENE II.

DORANTE, DORIMENE.

DORANTE.

OUy, Madame, vous verrez la plus plaisante chose qu'on puisse voir ; & je ne croy pas que dans tout le Monde il soit possible de trouver encore un Homme aussi fou que celuy-là : Et puis, Madame, il faut tâcher de servir l'amour de Cleonte, & d'apuyer toute sa Mascarade. C'est un fort galant Homme, & qui mérite que l'on s'interesse pour luy.

DORIMENE.

J'en fais beaucoup de cas, & il est digne d'une bonne fortune.

DORANTE

Outre cela, nous avons icy, Madame, un Ballet qui nous revient, que nous ne devons pas laisser perdre, & il faut bien voir si mon idée pourra reüssir.

DORIMENE.

J'ay veu là des aprests magnifiques, & ce sont des choses, Dorante, que je ne puis plus souffrir. Oüy, je veux enfin vous empécher vos profusions: & pour rompre le cours à toutes les dépenses que je vous voy faire pour moy, j'ay résolu de me marier promptement avec vous. C'en est le vray secret, & toutes ces choses finissent avec le mariage.

DORANTE.

Ah ! Madame, est-il possible que vous ayez pû prendre pour moy une si douce résolution ?

DORIMENE.

Ce n'est que pour vous empécher de vous ruïner ; & sans cela je voy bien qu'avant qu'il fust peu, vous n'auriez pas un sou.

DORANTE.

Que j'ay d'obligation, Madame, aux soins que vous avez de conserver mon bien ! Il est entierement à vous, aussi bien que mon cœur, & vous en userez de la façon qu'il vous plaira.

DORIMENE.

J'useray bien de tous les deux. Mais voicy vôtre Homme ; la figure en est admirable.

SCENE III.

MONSIEUR JOURDAIN, DORANTE, DORIMENE.

DORANTE.

MOnsieur, nous venons rendre hommage, Madame, & moy, à vostre nouvelle Dignité, & nous réjoüir avec vous du Mariage que vous faites de vostre Fille avec le Fils du Grand Turc.

MONSIEUR JOURDAIN *apres avoir fait les reverences à la Turque.*

Monsieur, je vous souhaite la force des Serpens, & la prudence des Lions.

DORIMENE.

J'ay esté bien aise d'estre des premieres, Monsieur, à venir vous feliciter du haut degré de gloire où vous estes monté.

MONSIEUR JOURDAIN.

Madame, je vous souhaite toute l'année vôtre Rosier fleury ; je vous suis infiniment obligé de prendre part aux honneurs qui m'arrivent, & j'ay beaucoup de joye de vous voir revenuë icy pour vous faire les tres-humbles excuses de l'extral'extravagance de ma Femme.

DORIMENE.

Cela n'est rien, j'excuse en elle un pareil mouvement; vostre cœur luy doit estre précieux, & il n'est pas étrange que la possession d'un Homme comme vous puisse inspirer quelques alarmes.

MONSIEUR JOURDAIN.

La possession de mon cœur est une chose qui vous est toute acquise.

DORANTE.

Vous voyez, Madame, que Monsieur Jourdain n'est pas de ces Gens que les prosperitez aveuglent, & qu'il sçait dans sa gloire connoître encore ses Amis.

DORIMENE.

C'est la marque d'une ame tout-à-fait genéreuse.

DORANTE.

Où est donc Son Altesse Turque? Nous voudrions bien, comme vos Amis, luy rendre nos devoirs.

MONSIEUR JOURDAIN.

Le voila qui vient, & j'ay envoyé querir ma Fille pour luy donner la main.

SCENE IV.

CLEONTE, COVIELLE, MONSIEUR JOURDAIN, &c.

DORANTE.

Monsieur, nous venons faire la revérence à Vostre Altesse, comme Amis de Monsieur vostre Beau-Pere, & l'asseurer avec respect de nos tres-humbles services.

MONSIEUR JOURDAIN.

Où est le Truchement, pour luy dire qui vous estes, & luy faire entendre ce que vous dites? Vous verrez qu'il vous répondra, & il parle Turc à merveille. Hola, où diantre est-il allé? *A Cl. Strouf, strif, strof, straf.* Monsieur est un *grande Segnore, grande Segnore, grande Seguore*; & Madame, une *granda Dama, granda Dama. Ahi* Monsieur, luy *Mamamouchi* François, & Madame *Mamamouchie* Françoise. Je ne puis pas parler plus clairement. Bon, voicy l'Interprete. Où allez-vous donc? Nous ne sçaurions rien dire sans vous. Dites-lui un peu que Monsieur & Madame sont des Personnes de grande Qualité, qui luy viennent faire la reverence, comme mes Amis, & l'asseurer de leurs services. Vous allez voir comme il va répondre.

COVIELLE.

Alabala crociam acci boram alabamen.

CLEONTE.

Catalequi tubal ourin soter amalouchan.

MONSIEUR JOURDAIN.

Voyez-vous?

COVIELLE.

Il dit que la pluye des prosperitez arrouse en tout temps le jardin de vostre Famille.

MONSIEUR JOURDAIN.

Je vous l'avois bien dit qu'il parle Turc.

DORANTE.

Cela est admirable.

SCENE V.

LUCILE, MONSIEUR JOURDAIN, DORANTE, DORIMENE, &c.

MONSIEUR JOURDAIN.

VEnez, ma Fille, aprochez-vous, & venez donner vostre main à Monsieur, qui vous fait l'honneur de vous demander en mariage.

LUCILE.

Comment, mon Pere, comme vous voila fait! Est-ce une Comedie que vous joüez ?

MONSIEUR JOURDAIN.

Non, non, ce n'est pas une Comedie, c'est une affaire fort serieuse, & la plus pleine d'honneur pour vous qui se peut souhaiter. Voila le Mary que je vous donne.

LUCILE.

A moy, mon Pere!

MONSIEUR JOURDAIN.

Oüy à vous, allons, touchez-luy dans la main; & rendez grace au Ciel de vostre bonheur.

LUCILE.

Je ne veux point me marier.

MONSIEUR JOURDAIN.

Je le veux moy, qui suis vostre Pere.

LUCILE.

Je n'en feray rien.

MONSIEUR JOURDAIN.

Ah que de bruit. Allons, vous dis-je. Ca vôtre main.

LUCILE.

Non, mon Pere, je vous l'ay dit, il n'est point de pouvoir qui me puisse obliger à prendre un autre Mary que Cleonte; & je me resoudray plûtost à toutes les extrémitez, que de.... *reconnoissant Cleonte.* Il est vray que vous êtes mon Pere, je vous dois entiere obeïssance; & c'est à vous à disposer de moy selon vos volontez.

MONSIEUR JOURDAIN.

Ah je suis ravie de vous voir si promptement revenuë dans vostre devoir; & voila qui me plaist, d'avoir une Fille obeïssante.

SCENE DERNIERE.

MADAME JOURDAIN, MONSIEUR JOURDAIN, CLEONTE, &c.

MADAME JOURDAIN.

COmment donc, qu'est-ce que c'est que cecy? On dit que vous voulez donner vôtre Fille en mariage à un Caresme-prenant?

MONSIEUR JOURDAIN.

Voulez-vous vous taire, impertinente? Vous venez toûjours mesler vos extravagances à toutes choses, & il n'y a pas moyen de vous aprendre à estre raisonnable.

MADAME JOURDAIN.

C'est vous qu'il n'y a pas moyen de rendre sage, & vous allez de folie en folie. Quel est vôtre dessein, & que voulez-vous faire avec cet assemblage ?

MONSIEUR JOURDAIN.

Je veux marier nostre Fille avec le Fils du Grand Turc.

MADAME JOURDAIN.

Avec le Fils du Grand Turc !

MONSIEUR JOURDAIN.

Oüy, faites-luy faire vos complimens par le Truchement que voila.

MADAME JOURDAIN.

Je n'ay que faire du Truchement, & je lui dirai bien moi-mesme à son nez, qu'il n'aura point ma Fille.

MONSIEUR JOURDAIN.

Voulez-vous vous taire encore une fois ?

DORANTE.

Comment, Madame Jourdain, vous vous oposez à un bonheur comme celui-là ; Vous refusez Son Altesse Turque pour Gendre ?

MADAME JOURDAIN.

Mon Dieu, Monsieur, meslez-vous de vos affaires.

DORIMENE.

C'est une grande gloire, qui n'est pas à rejetter.

MADAME JOURDAIN.

Madame, je vous prie aussi de ne vous point embarasser de ce qui ne vous touche pas.

DORANTE.

C'est l'amitié que nous avons pour vous, qui

nous fait interesser dans vos avantages.

MADAME JOURDAIN.

Je me passerai bien de vostre amitié.

DORANTE.

Voila vôtre Fille, qui consent aux volontez de son Pere.

MADAME JOURDAIN.

Ma Fille consent à épouser un Turc ?

DORANTE.

Sans doute.

MADAME JOURDAIN.

Elle peut oublier Cleonte ?

DORANTE.

Que ne fait-on pas pour estre grand'Dame ?

MADAME JOURDAIN.

Je l'étranglerois de mes mains, si elle avoit fait un coup comme celuy-là.

MONSIEUR JOURDAIN.

Voila bien du caquet. Je vous dis que ce Mariage-là se fera.

MADAME JOURDAIN.

Je vous dy, moi, qu'il ne se fera point.

MONSIEUR JOURDAIN.

Ah que de bruit !

LUCILE.

Ma Mere.

MADAME JOURDAIN.

Allez, vous estes une Coquine.

MONSIEUR JOURDAIN.

Quoi, vous la querellez, de ce qu'elle m'obeït?

MADAME JOURDAIN.

Oüy, elle est à moi, aussi bien qu'à vous.

COVIELLE.

Madame.

MADAME JOURDAIN.

Que me voulez vous conter, vous?

COVIELLE.

Un mot.

MADAME JOURDAIN.

Je n'ai que faire de voſtre mot.

COVIELLE *à Monſieur Jourdain.*

Monſieur, ſi elle veut écouter une parole en particulier, je vous promets de la faire conſentir à ce que vous voulez

MADAME JOURDAIN.

Je n'y conſentirai point.

COVIELLE.

Ecoutez moi ſeulement.

MADAME JOURDAIN.

Non.

MONSIEUR JOURDAIN.

Ecoutez-le.

MADAME JOURDAIN.

Non, je ne veux pas écouter.

MONSIEUR JOURDAIN.

Il vous dira....

MADAME JOURDAIN.

Je ne veux point qu'il me diſe rien.

MONSIEUR JOURDAIN.

Voila une grande obſtination de Femme! Cela vous fera t'il mal, de l'entendre?

COVIELLE.

Ne faites que m'écouter, vous ferez apres ce qu'il vous plaira.

MADAME JOURDAIN.

Hé bien, quoi ?

COVIELLE *à part.*

Il y a une heure, Madame, que nous vous faisons signe. Ne voiez-vous pas bien que tout ceci n'est fait que pour nous ajuster aux visions de vôtre Mari, que nous l'abusons sous ce déguisement, & que c'est Cleonte lui-mesme qui est le Fils du Grand Turc ?

MADAME JOURDAIN.

Ah, ah.

COVIELLE.

Et moi, Covielle, qui suis le Truchement.

MADAME JOURDAIN.

Ah comme cela, je me rens.

COVIELLE.

Ne faites pas semblant de rien.

MADAME JOURDAIN.

Oüi, voila qui est fait, je consens au Mariage.

MONSIEUR IOURDAIN.

Ah voila tout le monde raisonnable. Vous ne vouliez pas l'écouter. Je sçavois bien qu'il vous expliqueroit ce que c'est que le Fils du Grand Turc.

MADAME JOURDAIN.

Il me l'a expliqué comme il faut, & j'en suis satisfaite. Envoions querir un Notaire.

DORANTE.

C'est fort bien dit. Et afin, Madame Jourdain, que vous puissiez avoir l'esprit tout-à-fait content, & que vous perdiez aujourd'hui toute la jalousie que vous pouriez avoir conçeuë de

Monsieur vôtre Mari, c'est que nous nous servirons du mesme Notaire pour nous marier Madame, & moi.

MADAME JOURDAIN.

Je consens aussi à cela.

MONSIEUR JOURDAIN.

C'est pour lui faire acroire·

DORANTE.

Il faut bien l'amuser avec cette feinte.

MONSIEUR JOURDAIN.

Bon, bon. Qu'on aille querir le Notaire.

DORANTE.

Tandis qu'il viendra, & qu'il dressera les Contracts, voions nôtre Ballet, & donnons-en le divertissement à Son Altesse Turque.

MONSIEUR IOURDAIN.

C'est fort bien avisé, allons prendre nos places.

MADAME JOURDAIN.

Et Nicole?

MONSIEUR JOURDAIN.

Je la donne au Truchement; & ma Femme, à qui la voudra.

COVIELLE.

Monsieur, je vous remercie. Si l'on en peut voir un plus fou, je l'irai dire à Rome.

Lv Comedie finit par un petit Ballet qui avoit esté preparé.

PREMIERE ENTRE'E.

UN Homme vient donner les Livres du Ballet, qui d'abord est fatigué par une multitude de Gens de Provinces diferentes, qui crient en Musique pour en avoir, & par trois Importuns qu'il trouve toûjours sur ses pas.

DIALOGUE DES GENS qui en Musique demandent des Livres.

TOUS.

A Moy, Monsieur, à moy de grace, à moy Monsieur,
Un Livre, s'il vous plaist, à vostre serviteur.

Homme du bel air.

Monsieur, distinguez nous parmy les Gens qui crient.
Quelques Livres icy, les Dames vous en prient.

Autre homme du bel air.

Hola Monsieur, Monsieur, ayez la charité
D'en jetter de nostre costé.

Femme du bel air.

Mon Dieu qu'aux Personnes bien faites,
On sçait peu rendre honneur ceans.

Autre Femme du bel air.

Ils n'ont des Livres & des Bancs,
Que pour Mesdames les Grisettes.

Gascon.

Aho! l'Homme aux Libres, qu'on m'en vaille,
J'ay déja le poumon usé,
Bous boyez que chacun mé raille,
Et je suis escandalisé

De boir és mains de la Canaille,
Ce qui m'est par bous refusé

Autre Gascon.

Eh cadedis, Monseu, boyeZ qui l'on pût estre;
Un Libret, je bous prie, au Varon d'Asbarat.
Je pense, mordy, que le fat
N'a pas l'honnur dé mé connoistre.

Le Suisse.

Mon'-sieur le donneur de papieir,
Que veul dire sty façon de fifre,
Moy l'écorchair tout mon gosieir
A crieir,
Sans que je pouvre afoir ein Lifre;
Pardy, mon foy, Mon'-sieur, je pense fous l'estre ifre.

Vieux Bourgeois babillard.

De tont cecy franc & net,
Je suis mal satisfait;
Et cela sans doute est laid,
Que nostre Fille
Si bien faite & si gentille,
De tant d'amoureux l'Objet,
N'ait pas à son souhait
Un Livre de Ballet,
Pour lire le Sujet
Du Divertissement qu'on fait,
Et que toute nostre Famille
Si proprement s'habille,
Pour estre placée au sommet
De la Salle, où l'on met
Les Gens de l'entriguet:
De tout cecy franc & net
Je suis mal satisfait,
Et cela sans doute est laid.

Vieille Bourgeoise babillarde.

Il est vray que c'est une honte,
Le sang au visage me monte,
Et ce Jetteur de Vers qui manque au capital,
L'entend fort mal;
C'est un brutal,
Un vray Cheval,
Franc animal,
De faire si peu de conte
D'une Fille qui fait l'ornement principal
Du Quartier du Palais Royal,
Et que ces jours passez un Comte
Fut prendre la premiere au Bal.
Il l'entend mal,
C'est un brutal,
Un vray Cheval,
Franc animal.

Hommes & Femmes du bel air.

Ah! quel bruit!
Quel fracas!
Quel cahos!
Quel mélange!
Quelle confusion!
Quelle cohuë estrange!
Quel desordre!
Quel embarras!
On y seche.
L'on n'y tient pas.

Gascon.

Bentre je suis à vout.

Autre Gascon.

J'enrage, Diou me damne.

Suisse.

Ah que ly faire saif dans sty sal de cians.

Gascon.

Jé murs.

Autre Gascon.

Jé pers la tramontane.

Suisse.

Mon foy moy le foudrois estre hors de dedans.

Vieux Bourgeois babillard.

Allons, ma Mie,
Suivez mes pas,
Je vous en prie,
Et ne me quitez pas,
On fait de nous trop peu de cas,
Et je suis las
De ce tracas:
Tout ce fratras,
Cet embarras
Me pese par trop sur les bras:
S'il me prend jamais envie
De retourner de ma vie
A Ballet ny Comedie,
Je veux bien qu'on m'estropie.
Allons, ma Mie,
Suivez mes pas,
Je vous en prie,
Et ne me quitez pas,
On fait de nous trop peu de cas.

Vielle Bourgeoise babillarde.

Allons mon Mignon, mon Fils,
Regagnons nostre logis,
Et sortons de ce taudis,
Où l'on ne peut estre assis;
Ils seront bien ébobis

Quand ils nous verront partis.
Trop de confusion regne dans cette Salle,
Et j'aimerois mieux estre au milieu de la Halle ;
Si jamais je reviens à semblable Regale,
Je veux bien recevoir des souflets plus de six.
Allons mon Mignon, mon Fils,
Regagnons nostre logis,
Et sortons de ce taudis,
Où l'on ne peut estre assis.

TOUS.

A moy, Monsieur, à moy de grace, à moy Monsieur,
Un Livre, s'il vous plaist, à vostre Serviteur.

SECONDE ENTRE'E.

Les trois Importuns dancent.

TROISIE'ME ENTRE'E.

Trois Espagnols chantent.

Se que me muero de amor
Y solicito el dolor.

Aun muriendo de querer
De tan buen ayre adolezco
Que es mas de lo que padezco
Lo que quiero padecer
Y no pudiendo exceder
A mi deseo el rigor

Se que me muero de amor
Y solicito el dolor.

Lisonxeame la suerté
Con piedad tan advertida,
Que me asseguura la vida
En el riesgo de la muerte
Vivir de sugolpe fuerte
Es de mi salud primor.

Sè qúe, &c.

Six Espagnols dancent.

Trois Musiciens Espagnols.

Ay que locura, con tanto rigor
Quexarse de amor
Del nino bonito
Que todo es dulçera
Ay que locura,
Ay que locura.

Espagnol chantant.

El dolor solicita,
El que al dolor se da
Y naïde de amor muere
Sino quien no save amar.

Deux Espagnols.

Dulce muerte es el amor
Con correspondencia ygual,
Ysi esta gozamos o
Porque la quieres turbar?

Un Espagnol.

Alegrese Enamorad o
Y tome mi parecer
Que en esto dequerer
Todo es allar el vado.

Tous trois ensemble.

Vaya, vaya de fiestas,
Vayade vayle,
Alegria, alegrîa, alegria.
Que esto de dolor es fantasia.

QVATRIE'ME ENTRE'E.
ITALIENS.

UNe Musicienne Italienne fait le premier Recit, dont voicy les paroles.

Di rigori armata il seno
Contro amor mi ribellai,
Ma fui vinta in un baleno
In mirar duo vaghi rai,
Ahi che resiste puoco
Cor di gelo a stral di fuoco.

Ma si caro e' l mio tormento
Dolce e si la piaga mia,
Ch'il penare e' l mio contento,
El' sanarmi e tirannia.
Ahi che più giova, e piace
Quanto amor e più vivace.

Apres l'Air que la Musicienne a chanté, deux Scaramouches, deux Trivelins, & un Harlequin, representent une Nuit à la maniere des Comediens Italiens, en cadence.

Un Musicien Italien se joint à la Musicienne Italienne, & chante avec elle les paroles qui suivent.

Le Muficien Italien.

Bel tempo che vola
Rapifce il contento,
D'amor ne la fcola
Si coglie il momento.

La Muficienne.

Infin che florida
Ride l'età
Che pur tropp' horrida
Da noi fen và.

Tous deux.

Sù cantiamo
Su godiamo
Ne bei di, di gioventù:
Perduto ben non fi racquifta più.

Muficien.

Pupilla che vaga
Mill' alme incatena,
Fà dolce la piaga
Felice la pena.

Muficienne.

Ma poiche frigida
Langue l'eta,
Più l'alma rigida
Fiamme non hà.

Tous deux.

Sù cantiamo, &c.

Apres le Dialogue Italien, les Scaramouches & Trivelins dancent une Réjoüiffance.

CINQUIE'ME ENTRE'E

FRANCOIS.

DEux Musiciens Poitevins dancent, & chantent les paroles qui suivent.

PREMIER MENUET.

AH! qu'il fait beau dans ces Boccages,
Ah! que le Ciel donne un beau jour!

Autre Musicien.

Le Rossignol sous ces tendres feüillages
Chante aux Echos son doux retour:
Ce beau séjour
Ces doux ramages,
Ce beau sejour
Nous invite à l'Amour.

2. MENUET. Tous deux ensemble.

VOy ma Climene,
Voy sous ce Chesne
S'entrebaiser ces Oyseaux amoureux;
Ils n'ont rien dans leurs vœux
Qui les gesne,
De leurs doux feux
Leur ame est pleine.
Qu'ils sont heureux!
Nous pouvons tous deux,
Si tu le veux,
Estre comme eux.

Six autres François viennent apres vestus galamment à la Poitevine, trois en Hommes, & trois en Femmes, accompagnez de huit Flûtes & de Haut-bois, & dancent les Menuets.

SIXIE'ME ENTRE'E.

TOut cela finit par le mélange des trois Nations, & les aplaudiſſemens en Dance & en Muſique de toute l'aſſiſtance, qui chante les deux Vers qui ſuivent.

Quels Spectacles charmans, quels plaiſirs goûtons-nous?

Les Dieux meſmes, les Dieux, n'en ont point de plus doux.

FIN.

www.ingramcontent.com/pod-product-compliance
Lightning Source LLC
LaVergne TN
LVHW050537100826
845148LV00002B/592

9782012685420